전광훈 목사 설교 시리즈 Light 07
인간 창조의 원리

전광훈 목사 설교 시리즈 Light 07

인간 창조의 원리

JUN KWANG HOON

전광훈 지음

들어가는 말

／

　태초에 천지를 창조하신 하나님은 첫째 날에 빛을 만드시고, 둘째 날에 궁창을 만드시고, 셋째 날에 뭍(땅)과 풀 및 채소를 만드시고, 넷째 날에 해와 달과 별을 만드시고, 다섯째 날에 하늘의 새와 바다의 물고기를 만드셨습니다. 그리고 여섯째 날에 동물과 사람을 만드시고, 일곱째 날에 안식하셨습니다. 하나님은 모든 창조물 중에서 마지막으로 만드실 정도로 인간에 대한 특별한 뜻을 계획하셨습니다. 다시 말해, 하나님이 우리를 창조하신 데는 특별한 의도가 있으셨습니다. 이를 가리켜 '인간 창조의 원리'라고 합니다. 〈인간 창조의 원리〉는 구약성경부터 바울 서신까지 확대되는 인간 창조의 계시를 설명하고 있습니다. 하나님이 계획하신 인간 창조의 원리는 인간이 태어났다고 해서 완성되는 것이 아니라, 하나님이 그 속에 들어오셔야 완성되는 것입니다. 이 책을 통해 여러분이 이 땅에 태어난 참된 의미를 깨닫고 하나님께서 예비하신 모든 축복이 임하길 바랍니다.

전광훈 목사 드림

목차

들어가는 말　　　　　　　　　5

01　인간 창조의 원리　　　　　8
02　하나님의 형상대로 창조　　20
03　노아의 방주, 성막, 성전　　38
04　바울 서신　　　　　　　　66

01

인간 창조의 원리

창세기 2장 1-25절

¹천지와 만물이 다 이루니라 ²하나님의 지으시던 일이 일곱째 날이 이를 때에 마치니 그 지으시던 일이 다하므로 일곱째 날에 안식하시니라 ³하나님이 일곱째 날을 복 주사 거룩하게 하셨으니 이는 하나님이 그 창조하시며 만드시던 모든 일을 마치시고 이 날에 안식하셨음이더라 ⁴여호와 하나님이 천지를 창조하신 때에 천지의 창조된 대략이 이러하니라 ⁵여호와 하나님이 땅에 비를 내리지 아니하셨고 경작할 사람도 없었으므로 들에는 초목이 아직 없었고 밭에는 채소가 나지 아니하였으며 ⁶안개만 땅에서 올라와 온 지면을 적셨더라 ⁷여호와 하나님이 흙으로 사람을 지으시고 생기를 그 코에 불어 넣으시니 사람이 생령이 된지라 ⁸여호와 하나님이 동방의 에덴에 동산을 창설하시고 그 지으신 사람을 거기 두시고 ⁹여호와 하나님이 그 땅에서 보기에 아름답고 먹기에 좋은 나무가 나게 하시니 동산 가운데에는 생명나무와 선악을 알게하는 나무도 있더라 ¹⁰강이 에덴에서 발원하여 동산을 적시

고 거기서부터 갈라져 네 근원이 되었으니 ¹¹첫째의 이름은 비손이라 금이 있는 하윌라 온 땅에 둘렸으며 ¹²그 땅의 금은 정금이요 그곳에는 베델리엄과 호마노도 있으며 ¹³둘째 강의 이름은 기혼이라 구스 온 땅에 둘렸고 ¹⁴세째 강의 이름은 힛데겔이라 앗수르 동편으로 흐르며 네째 강은 유브라데더라 ¹⁵여호와 하나님이 그 사람을 이끌어 에덴 동산에 두사 그것을 다스리며 지키게 하시고 ¹⁶여호와 하나님이 그 사람에게 명하여 가라사대 동산 각종 나무의 실과는 네가 임의로 먹되 ¹⁷선악을 알게하는 나무의 실과는 먹지 말라 네가 먹는 날에는 정녕 죽으리라 하시니라 ¹⁸여호와 하나님이 가라사대 사람의 독처하는 것이 좋지 못하니 내가 그를 위하여 돕는 배필을 지으리라 하시니라 ¹⁹여호와 하나님이 흙으로 각종 들짐승과 공중의 각종 새를 지으시고 아담이 어떻게 이름을 짓나 보시려고 그것들을 그에게로 이끌어 이르시니 아담이 각 생물을 일컫는 바가 곧 그 이름이라 ²⁰아담이 모든 육축과 공중의 새와 들의 모든 짐승에게 이름을 주니라 아담이 돕는 배필이 없으므로 ²¹여호와 하나님이 아담을 깊이 잠들게 하시니 잠들매 그가 그 갈빗대 하나를 취하고 살로 대신 채우시고 ²²여호와 하나님이 아담에게서 취하신 그 갈빗대로 여자를 만드시고 그를 아담에게로 이끌어 오시니 ²³아담이 가로되 이는 내 뼈 중의 뼈요 살 중의 살이라 이것을 남자에게서 취하였은즉 여자라 칭하리라 하니라 ²⁴이러므로 남자가 부모를 떠나 그 아내와 연합하여 둘이 한 몸을 이룰찌로다 ²⁵아담과 그 아내 두 사람이 벌거벗었으나 부끄러워 아니하니라

우리 기독교 역사가 약 2,000년입니다. 초대교회부터 시작된 교회사가 약 2,000년이 된 겁니다. 교회의 정경인 성경이 완성된

것도 기독교 역사와 비슷합니다. 성경 다음으로 개신교, 특히 장로교의 기본 틀이 되는 것은 존 칼빈이 쓴 〈기독교 강요〉라고 합니다.

존 칼빈은 전적 부패, 전적 타락, 불가항력적인 은혜 등 다양한 신학적 주제를 썼습니다. 존 칼빈이 쓴 이것이 신학적인 뼈대를 만들었기 때문에 성경 그 다음의 책이라고 합니다.

존 칼빈의 기독교 강요, 그 다음은 존 번연이 쓴 〈천로역정〉입니다. 이 책은 인간이 만든 책 중에서 세 번째 책이라고 할 만큼 많은 기독교인들이 읽은 책입니다.

지금 여러분이 읽는 이 책을 가볍게 여기거나 그다지 중요하지 않게 생각할 수 있을지 몰라도 이 책을 다 읽은 다음에는 '이 책이 정말 중요한 주제이구나!' 하는 생각이 들 겁니다.

교회사에서 보면, 어떤 하나님의 사역자는 살아 있을 때보다 죽어서 하늘나라 간 후에 오히려 더 큰 하나님 역사를 일으킨 경우가 많이 있습니다.

그중에 예를 들면, 요한 웨슬레 같은 분입니다. 요한 웨슬레 같은 분은 살아 있을 때 하나님의 일을 한 것보다 하늘나라 간 뒤에 그분이 쓴 설교가 훨씬 더 비교할 수도 없이 하나님의 일을 많이 했습니다. 당대에 영성의 대가가 살아 있을 때 크게 역사하지 못한 이유는 바로 타락한 인간의 자존심 때문이었습니다. 자존심의 한계를 못 넘어서 그걸 극복하지 못한 겁니다.

요한 웨슬레는 영국 옥스퍼드 대학을 나왔습니다. 요한 웨슬레가 옥스퍼드 대학에 가서 설교를 했는데, 설교를 듣고 있던 목사님들이 돌을 가지고 올라가서 요한 웨슬레를 찍어 버렸습니다. 요한 웨슬레는 흐르는 피를 손으로 잡고 설교를 다 마쳤습니다. 요한 웨슬레의 영적 깊이에 시기, 질투를 한 겁니다. 요한 웨슬레가 막상 하늘나라에 간 뒤에 그들이 '아, 우리가 그의 영적 깊이를 몰랐구나!' 하고 말했습니다.

이런 일들이 한국에도 많이 있었습니다. 예를 들어, 감리교에 이용도 목사님 같은 사람입니다. 그는 열심히 하나님의 일을 하다가 33세에 죽었습니다. 그런데 이용도 목사님은 얼마나 영성이 강했는지 그때 당시 주변 사람들로부터 이단이라는 의심을 받았습니다. 핍박하고 돌로 때리기도 했는데, 지금 감리교에서 이용도 목사님에 대한 새로운 조명 운동이 일어났습니다. 이런 일들이 우리나라 교회사 역사 속에서 많이 일어났습니다.

인간 창조의 원리

하나님은 인간을 창조하시면서, 원리를 가지고 계셨습니다. 그것의 출발이 바로 창세기 1장에서 비롯됩니다. 하나님의 인간 창조의 원리를 통해 하나님은 우리에게 무엇을 말씀하고 계시는지 알아봅시다.

"인간 창조의 원리." 하나님은 사람을 만드실 때 어떻게 만드셨는지 아십니까? 창세기 1장 26절을 보니까, 하나님은 자기의 **"형상대로, 모양대로"** 사람을 만들었다고 그랬습니다.

창세기 1장 26-28절을 읽어봅시다.

"우리의 형상에 따라 우리의 모양대로 우리가 사람을 만들고 그로 바다의 고기와 공중의 새와 육축과 온 땅과 땅에 기는 모든 것을 다스리게 하자 하시고 하나님이 자기 형상 곧 하나님의 형상대로 사람을 창조하시되 남자와 여자를 창조하시고 하나님이 그들에게 복을 주시며 그들에게 이르시되 생육하고 번성하여 땅에 충만하라"(창 1:26-28).

하나님이 사람을 만들 때 자기의 "형상", "모양"대로 인간을 만들었습니다. 인간을 만들 때 제일 먼저 흙으로 사람의 형태를 만들었습니다. 인간의 육체를 만든 겁니다. 인간의 육체는 흙으로부터 된 겁니다. 꽤 연약합니다. 질그릇입니다. 일을 너무 열심히 하면 피곤합니다. 밥을 먹지 않으면 육체는 시들해집니다.

왜 그럴까? 육체는 흙에서 왔기 때문입니다. 물질을 공급하지 아니하면 육체는 시들게 되어 있습니다. 육체는 물질로 된 부분이 있습니다.

사람과 짐승의 차이

흙으로 사람을 만드시고, 그다음에 그 코에 생기를 불어넣었습니다. 이게 바로 인간의 영이 된 겁니다. 사람은 동물과 다른 점이 뭐냐?

창세기 2장 7절에 보면, 하나님이 사람을 만들 때 흙 더하기 흙으로 육체를 만드시고 그 코에 생기를 불어 넣었습니다.

창세기 2장 7절을 읽어봅시다.

"여호와 하나님이 흙으로 사람을 지으시고 생기를 그 코에 불어 넣으시니 사람이 생령이 된지라"(창 2:7).

"생기." 하나님이 그 코에 생기를 불어넣어서 인간이 생령이 되었다고 했습니다. 사람이 생명이 되었단 말입니다. 할렐루야!

하나님이 흙으로 만든 것 중에 사람만 있는 것이 아닙니다. 창세기 2장 19절을 보면, 각종 들짐승과 공중의 각종 새를 만들 때도 흙으로 만들었다고 했습니다. 다른 천지 만물들은 하나님이 말씀으로 지었습니다. 첫째 날부터 넷째 날까지는 말씀으로 지었으나 인간과 짐승은 하나님이 흙으로 만드셨습니다.

창세기 2장 18-19절을 읽어봅시다.

"여호와 하나님이 이르시되 사람이 혼자 사는 것이 좋지 아니하니 내가 그를 위하여 돕는 배필을 지으리라 하시니라 여호와 하나님이 흙으로 각종 들짐승과 공중의 각종 새를 지으시고 아담이 무엇이라고 부르나 보시려고 그것들을 그에게로 이끌어 가시니 아담이 각 생물을 부르는 것이 곧 그 이름이 되었더라"(창 2:18-19).

하나님이 흙으로 만든 것이 사람뿐이 아니라 짐승들도 만들었습니다. 그러나 인간은 다른 짐승과는 다른 점이 있습니다. 바로 **"생기의 역사"**입니다. 하나님께서 그 코에 생기를 불어넣은 것은 사람밖에 없습니다. 여러분, 생기가 무엇이겠습니까? 많은 사람들은 이 생기를 정신인 줄 압니다. 그렇지 않습니다.

여러분, 하나님이 사람을 흙으로 만들어 놓고 생기를 불어넣기 전 모습이 마치 미술학원에 있는 석고상처럼 인간이 시체처럼 누워 있는 상태가 아닙니다. 시체처럼 누워있던 상태에서 하나님의 생기를 훅 부니까 뻘떡 일어난 것이 아닙니다. 왜냐하면, 하나님이 흙으로 사람과 짐승을 만들었을 때 짐승은 생기를 안 불어넣어도 이미 벌써 뛰어다녔습니다.

그러니까 이 생기가 사람이 시체처럼 누워 있을 때 일어나는 정신을 말하는 게 아닙니다. 왜 그렇습니까? 짐승한테 생기를 안 불어넣어도 이미 걸어 다니잖습니까? 짐승도 정신이 있습니까? 없습니까? 있습니다. 짐승도 벌써 혼이 있습니다. 생기를 안 불어넣었는데도 있잖습니까?

그러니까 결론적으로 말하면 하나님이 흙으로 사람을 만들고 생기를 불어넣기 전에도 인간이 벌써 동물적 생명 수준까지는 왔다는 겁니다.

성경을 자세히 보면, 인간은 하나님께서 그 코에 생기를 불어넣기 전에 동물적 생명 수준까지는 왔다는 겁니다. 그때에 하나님이 생기를 불어넣은 것이 바로 "**영**"입니다. 이 말씀을 잘 기억하기를 바랍니다.

하나님이 사람을 만들 때 생기를 불어넣기 전에도 동물적 생명까지는 왔다는 겁니다. 흙으로 짐승들을 만들고 난 뒤에 생기를 안 불어 넣었는데 동물들이 잘 뛰어다니고 잘 살고 있습니다.

인간도 동물적 생명이 된 상태에서 여기에다 대놓고 하나님은 생기를 불어넣었기 때문에 이 생명은 곧 인간의 영이 된 겁니다.

짐승과 사람의 다른 점은 영의 존재만 다릅니다. 그러면 사람 속에 있는 영은 무슨 일을 일으키는가?

짐승과 사람이 모든 면이 거의 비슷하지만, 인간에게는 하나님이 영을 만들어 주셨습니다. 사람들이 이렇게 물을 수 있습니다.

"어떻게 사람 속에 영이 있다는 걸 압니까?"

'과연 사람 속에 영이 있느냐?' 하고 묻는 겁니다. 하나님이 만들어 주신 영이 일으키는 현상이 있습니다. 영의 존재를 제일 쉽게 말하는 것이 곧 **"인간의 양심"**입니다.

양심은 영에 속한 기관입니다. 우리가 잘 모르고 있지만, 양심이라고 하는 것이 곧 영으로부터 나오는 현상입니다. 짐승들은 영이 없으니까, 양심이 없습니다.

양심이 뭘 만드는지 아십니까? 도덕을 만듭니다. 윤리도 만듭니다. 종교와 법을 만듭니다. 그렇게 인간들이 살아가면서 더불어 살아가는 공동체를 만듭니다. 이건 전부 양심으로부터 일어나는 현상입니다.

양심이 없으면 도덕, 윤리, 종교, 법이 없습니다. 짐승에게 도덕, 윤리, 종교, 법이 있다는 걸 들어보셨습니까? 짐승에게는 영이 없기 때문에 도덕, 윤리, 종교, 법이 없는 겁니다. 그들은 본능에 따라서 정신을 가지고 살아갑니다.

사람은 집에서 살면, 누가 안 가르쳐도 윤리와 도덕 속의 인간으로 살게 됩니다. 사람들이 함께 사는 것을 보면서 자연스럽게 배우게 되는 것이 바로 양심이 있기 때문입니다. 사람은 모이면 스스로 법을 만듭니다. 왜냐하면 양심이 있기 때문입니다. 그러나 짐승들은 그렇지 않습니다. 가끔 TV에서 아프리카에 서식하는 동물들의 세계를 보면, 윤리와 도덕이 없습니다.

전성기의 수사자는 큰 힘을 바탕으로 이삼십 마리의 무리를 이끌고 으르렁거리며 다닙니다. 세월이 흘러 수사자 밑에 있던 새끼가 성장해서 힘이 세지면, 그 아버지를 쫓아냅니다. 때로는 날카로운 이빨로 아버지를 물어서 죽이기도 합니다. 아들한테 죽임을 당하는 겁니다. 이게 바로 짐승의 세계입니다.

하지만, 사람은 그렇지 않습니다. 사람은 자기 아버지가 나이가 많다고, 힘이 약해졌다고 물어 죽이지 않습니다. 아니 가끔 패륜을 저지르는 사람이 있기는 합니다. 그래서 그런 사람을 가리켜 '짐승 같은 인간'이라고 합니다 때로는 '짐승보다 못한 놈'이라고 합니다.

이렇게 사람과 짐승이 차이가 나는 것은 영의 존재 여부에 있는 겁니다. 영의 존재는 도덕과 윤리, 그리고 법 등을 만듭니다. 인간은 가만히 있어도 이것을 만들어 나가는 힘이 양심의 기관이 있기 때문에 자연스럽게 생깁니다. 하지만, 영이 없는 짐승은 만들 수 없는 영역입니다.

하나님은 이렇게 천지를 창조하시면서, 특히 흙으로 만드신 짐승과 사람 사이에 차이점을 두셨습니다. 그 안에 하나님은 인간 창조의 원리를 담아놓으셨습니다. 다른 창조물과는 다른 점이 있다는 겁니다. 그것이 무엇인지 이 책을 통해 알아가기를 바랍니다.

기도

"온 우주만물을 창조하신 하나님, 감사합니다. 특별히 흙으로 사람을 만드시고, 그 코에 생기를 불어넣어 생령이 되게 하시니 감사합니다. 짐승에게는 없는 영을 주셔서 영의 사람으로 만들어주셔서 감사합니다. 인간 창조의 원리를 알고, 깨달아 인간 창조의 원리대로 살아가게 하옵소서. 예수 그리스도의 이름으로 기도하옵나이다. 아멘."

02

하나님의 형상대로 창조

창세기 1장 24-31절

[24]하나님이 가라사대 땅은 생물을 그 종류대로 내되 육축과 기는 것과 땅의 짐승을 종류대로 내라 하시고 (그대로 되니라) [25]하나님이 땅의 짐승을 그 종류대로, 육축을 그 종류대로, 땅에 기는 모든 것을 그 종류대로 만드시니 하나님의 보시기에 좋았더라 [26]하나님이 가라사대 우리의 형상을 따라 우리의 모양대로 우리가 사람을 만들고 그로 바다의 고기와 공중의 새와 육축과 온 땅과 기는 모든 것을 다스리게 하자 하시고 [27]하나님이 자기 형상 곧 하나님의 형상대로 사람을 창조하시되 남자와 여자를 창조하시고 [28]하나님이 그들에게 복을 주시며 그들에게 이르시되 생육하고 번성하여 땅에 충만하라, 땅을 정복하라, 바다의 고기와 공중의 새와 땅에 움직이는 모든 생물을 다스리라 하시니라 [29]하나님이 가라사대 내가 온 지면의 씨 맺는 모든 채소와 씨 가진 열매 맺는 모든 나무를 너희에게 주노니 너희 식물이 되리라 [30]또 땅의 모든 짐승과 공중의 모든 새와 생명이 있어 땅에 기는 모든 것에게

는 내가 모든 푸른 풀을 식물로 주노라 하시니 그대로 되니라 ³¹하나님이 그 지으신 모든 것을 보시니 보시기에 심히 좋았더라 저녁이 되며 아침이 되니 이는 여섯째 날이니라

"인간 창조의 원리." 하나님은 사람을 만드실 때 세 가지 요소로 만드셨습니다. 앞 장에서 이야기했듯이 하나님께서 사람을 만드실 때 영과 혼과 육체로 만드셨습니다.

하나님이 삼위일체로 되어 있듯이 사람도 하나님의 형상으로 지음 받아서 하나님 앞에 삼위일체입니다. 그런데 세상 사람들은 인간이 삼위일체로 된 지를 잘 모르고, 인간이 육체와 영혼으로 된 줄 알고 있습니다.

그러나 창세기 2장 7절을 보면, 분명히 하나님은 흙뿐만 아니라 영으로 사람을 만드셨다고 했습니다. 창세기 2장 7절을 읽어봅시다.

"여호와 하나님이 흙으로 사람을 지으시고 생기를 그 코에 불어 넣으시니 사람이 생령이 된지라"(창 2:7).

흙으로 만든 사람이 육체가 된 겁니다. 여러분의 육체는 흙입니다. 사람은 흙으로 되어 있기 때문에, 흙냄새가 많이 납니다. 그 다음에 하나님이 사람의 코에 생기를 불어넣으시므로 생령이 되

었습니다. 이것이 바로 인간의 영입니다. 인간은 영이 있고, 육체가 있습니다. 그 사이의 매개체가 혼입니다. 이건 정신입니다.

하지만, 짐승은 하나님께서 그 코에 생기를 불어넣지는 않으셨습니다. 그래서 하나님이 짐승도 흙으로 만드셨지만, 영이 없는 겁니다. 짐승은 육체와 정신밖에 없습니다.

짐승과 사람의 다른 점은 바로 영의 유무입니다. 인간 속에는 영이 있고, 짐승 속에는 영이 없습니다. 그런데 사람들이 이것을 모르고 산다는 겁니다. 사람 속에 영이 있다는 자체를 모르고 삽니다. 사람 속에 영이 있는 줄 모르고 사는 사람은 육체와 정신만 있다고 생각합니다. 이런 사람은 자기 자신을 짐승으로 격하시키는 어리석음을 가지게 되는 겁니다.

하나님의 형상, 모양대로

하나님은 사람을 만드실 때 자기의 **"형상대로, 모양대로"** 만들었다고 그랬습니다.

창세기 1장 26-28절을 읽어봅시다.

"우리의 형상에 따라 우리의 모양대로 우리가 사람을 만들고 그로 바다의 고기와 공중의 새와 육축과 온 땅과 땅에 기는 모든 것을 다스리게 하자 하시고 하나님이 자기 형상 곧 하나님의 형상대로 사람을 창조하시되 남자와 여자를 창조하시고 하나님이 그들에게 복을 주시며 그들에게 이르시되 생육하고 번성하여 땅에 충만하라"(창 1:26-28).

하나님이 사람을 만들 때 자기의 "**형상**", "**모양**"대로 인간을 만들었습니다. 그래서 삼위일체의 하나님의 형상, 모양이 그대로 사람에게 전해진 겁니다. 사람의 세 가지 요소는 사람을 만드신 삼위일체 하나님으로부터 온 겁니다.

삼위일체 하나님으로부터 세 가지 요소를 가진 인간은 여러 가지 현상을 일으킵니다. 사람과 동물은 근본적으로 차이가 있습니다. 우리 사람 속에는 영이 있다는 걸 기억하기를 바랍니다.

사람은 세 가지 요소, 육체, 영, 혼으로 되어 있습니다.

1. 육체

육체를 가진 인간은 일단 육체가 요구하는 욕구를 들어줘야 됩니다. 인간의 육체가 존재하려면 육체의 양식이 있어야 됩니다. 육체는 물질로부터 왔기 때문에 인간의 육체에게는 끝없이 물질을 공급해 줘야 살아갑니다.

다시 말해서, 흙에서 나오는 밥을 먹어야 됩니다. 육체가 흙이기 때문에 흙으로부터 나오는 물질인 음식을 계속 공급해야 육체가 유지된다는 겁니다. 음식을 공급받지 못하면 육체는 힘이 없어집니다. 계속 육체에 음식이 제공되지 않으면, 생명력을 잃어버립니다.

2. 영

영도 마찬가지입니다. 영이 늘 생명력이 있으려면 영에게도 양식을 제공해야 합니다. 하나님께서 사람의 코에 생기를 불어넣으신 것이 영입니다. 영은 하나님께로부터 왔기 때문에 영의 양식은 하나님으로부터 옵니다. 영이 생명력을 유지하기 위해서는 하나님으로부터 오는 영의 말씀을 먹어야 사는 겁니다. 하나님의 말씀을 공급받지 못하면, 영은 생명력을 잃게 됩니다.

하나님의 말씀을 듣는 것은 우리의 영의 양식을 채우는 겁니다. 집에서도 말씀을 먹고, 교회에서도, 일상생활에서도 하나님의 말씀을 공급받아야 영이 강건해지는 겁니다. 하나님의 말씀이 계속 공급되어야 영이 생명을 얻고 날마다 영이 활기차게 되는 겁니다. 그렇지 않으면 영은 생명을 유지할 수 없습니다. 굶어죽는다는 겁니다.

3. 혼

혼도 마찬가지입니다. 이 혼은 지정의로 되어 있습니다. 지, 정, 의, 이것이 인간에게 공급되어야 혼이 건강해집니다. 여러분, 교도소에 오래 있던 사람들이 오랫동안 밀폐된 곳에 있었기 때문에 나중에 나오게 되면 멍합니다. 이게 지식의 공급을 계속 못 받았기 때문에 사람이 바보처럼 멍해진다고 합니다.

지금은 군대 복무 기간도 짧고 TV도 있고, 책도 있고, 핸드폰도 있어서 군대생활을 하면서도 별 세상을 다 보지만, 제가 군대 생활을 할 때만 해도 아무것도 없었습니다. 그러니까 군대 3년을 갔다 오면 멍해집니다. 세상을 살아가는데 필요한 지식을 공급받지 못하니, 그렇게 되는 겁니다. 이게 어떤 사람이든지 다 똑같습니다. 그래서 군대에서 제대하면 사회에 적응하는 시간이 필요합니다.

사람이 끝없이 책을 읽고, 음악을 듣고, 서로 말하고 교제할 때 사람의 심리 상태가 건강해지고 튼튼해집니다. 그런데 예수를 믿고 구원받은 사람은 지식까지 같이 겸해서 다 채워지니까 참 좋습니다. 예수를 믿는 사람은 참 좋습니다.

영이 중요한 이유

교회에 오면 찬송을 부릅니다. 다른 사람의 노래를 듣는 것에서 그치지 않고, 각자의 목소리를 높여 찬송을 부릅니다. 듣기만 해도 좋은데, 직접 찬송을 부르는 것이 더 좋습니다. 그렇게 찬송을 부르면 영이 충만해집니다. 이게 다 건강으로 이어지는 겁니다.

사람은 이 세상을 살다가 결국은 죽습니다. 사람이 죽으면 육체는 흙으로부터 왔기 때문에 흙으로 돌아갑니다. 장례식에 가보면, 결국 시체는 땅속으로 내립니다. 흙으로 덮어버립니다. 한 줌의 흙에서 왔다가 한 줌의 흙으로 다시 돌아가는 겁니다. 요즘은 화장터에서 화장을 많이 하는데 거기에 가 보면, 마지막에 유족들의 손에 들리는 유골함을 볼 수 있습니다. 이렇게 육체는 물질로 와서 물질로 돌아갑니다.

하지만 영은 다릅니다. 영은 죽을 때 없어지지 않습니다. 육체 속에 있던 영은 두 가지의 고향을 찾아갑니다. 하나는 구원받은 영혼이 가는 천국이고, 다른 하나는 구원받지 못하는 사람이 가는 지옥입니다. 사람이 죽으면 구원받은 영혼은 천국으로 가고, 구원받지 못한 사람은 지옥에 간다는 겁니다.

사람이 죽어서 지옥에 가면 안 됩니다. 육체는 자기의 고향을 찾아 흙으로 가고, 혼은 풀어져서 없어져 버립니다. 안개처럼 풀어져서 없어져 버립니다. 혼이 천국에 가는 것이 아닙니다. 하나님 나라에 가는 것은 영만 갑니다. 그러니까, 우리가 이 세상을 살면서 없어질 육체나 혼이 아니라 영에 투자를 많이 해야 합니다.

영은 영원히 살아있기 때문에 인간이 죽어서 천국에 가야 합니다. 지옥에 가는 영도 영원히 삽니다. 지옥에서 죽지 않고 계속 영의 상태로 사는 겁니다. 그래서 세상을 살면서 영을 잘 관리해서 천국에서 영원한 삶을 사는 것이 중요한 겁니다. 그 이상의 축복도 없습니다.

그런데, 많은 사람들이 인간의 3대 요소 중에서 제일 중요한 영에 투자하지 않습니다. 우리가 인간의 3대 요소 중에서 관심을 많이 가지고, 투자도 많이 하는 것이 육체입니다. 육체는 물질입니다. 육의 욕구를 채우기 위해서 시간을 보냅니다. 육체를 성장시키고, 더 많은 것을 가지기 위해서 노력합니다. 이 세상에서 잘 먹고, 잘 사는 것에만 집중합니다.

여러분, 우리가 물질에 제일 많이 투자하고 있는데, 죽는 순간에 내가 투자하는 것들은 모두 흩어져버려 다시 물질로 돌아갑니다. 나에게 남는 물질은 아무 것도 없습니다. 죽으면 땅 속으로 돌아가는 것이 물질입니다.

여러분, 육체가 아니라 영에 투자하기 바랍니다. 시간도 영에게, 물질도 영에게 투자하기 바랍니다. 자기 인생 중에서 영에게 투자를 제일 많이 해야 합니다. 왜냐하면, 육체는 죽으면 없어지지만, 영은 죽지 않기 때문입니다. 육체는 흙으로 돌아갈 겁니다. 그러니 거기에 지나치게 투자할 필요가 없습니다.

요한삼서 1장 2절을 읽어봅시다.

"사랑하는 자여 네 영혼이 잘 됨같이 네가 범사에 잘 되고 강건하기를 내가 간구하노라"(요삼 1:2).

우리의 영이 잘 되어야 범사가 잘 되고 강건해집니다. 왜냐하면, 이게 뿌리이기 때문입니다. 나무를 보면, 숲과 기둥, 그리고 뿌리로 나뉩니다. 이것도 3단계입니다. 뿌리는 영, 기둥은 정신인 혼, 숲은 육체입니다.

눈에 보이는 숲과 나무 기둥에 신경을 쓰지만, 정말 중요한 것은 뿌리입니다. 영인 뿌리가 튼튼하면 기둥이 잘 자랍니다. 뿌리가 병들면 기둥은 자라지 못합니다. 뿌리가 죽으면 나무도 죽고, 숲도 죽습니다. 영이 죽으면 정신도 죽고, 육체도 죽는 겁니다. 그래서 항상 영이 잘 되어야 합니다. 할렐루야.

영의 사람

저는 사실 혼(정신)에 투자를 많이 못했습니다. 여러분이 알다시피 저는 공부를 못했습니다. 고등학교를 나오고, 신학교 4년을 나온 게 다입니다. 제가 신학교를 다닐 때만 해도 4년 신학대학을 나오면 곧바로 목사 안수를 받았습니다. 제가 졸업한 후에는 신학대학을 졸업하고 신학대학원 3년을 더 공부해야 했습니다. 그걸로 끝나는 게 아닙니다. 나중에는 목사고시 1년을 해야 했고, 강도사 고시도 해야 목사 안수를 받을 수 있었습니다. 저는 아슬아슬하게 목사 안수를 받았습니다. 저는 공부를 그리 잘하진 못했습니다. 책을 많이 읽지도 못했고, 지식의 세계, 혼(정신)의 세계에 대해서 깊이 알지 못 했습니다.

하지만, 영에 많은 것을 투자했습니다. 영에 속한 사람이 된 겁니다. 육의 사람, 혼의 사람, 영의 사람, 이렇게 사람을 분류할 때 우리는 다 영에 속한 사람이 되기를 바랍니다.

영에 속한 사람은 항상 하나님을 바라봅니다. 주일에 예배를 드리러 옵니다. 명절이나 집안 행사가 있어도 주일 예배를 드리러 옵니다. 이런 사람은 영에 속한 사람입니다. 하나님의 뜻을 즐거워하고 하나님을 모시는 것을 기쁨으로 생각하고 하나님 아버지를 따라갑니다. 이게 영의 사람입니다.

사람은 영과 혼과 육이 있기 때문에, 모든 일들을 세 가지로 구별할 수 있습니다. 일단, 이 세 가지가 존재하기 위해서 양식도 다 다릅니다. 영의 양식은 말씀, 혼의 양식은 지식, 육의 양식은 물질입니다. 각각 자기에게 필요한 양식을 먹어야 된단 말입니다. 세 가지가 다 일으키는 현상이 달라서 각각 세 가지로 나눠질 수 있습니다.

예배를 예로 들어봅시다. 예배도 세 가지로 말할 수 있습니다. 요한복음을 보면, 하나님은 영이시니 영적으로 예배하라고 합니다.

요한복음 4장 24절을 읽어봅시다.

"하나님은 영이시니 예배하는 자가 신령과 진정으로 예배할찌니라"(요 4:24).

예수님께서 예배할 때에 신령과 진정으로 예배하라고 합니다. 예수님의 예배, 영의 예배가 따로 있단 말입니다. 신령과 진정으로 예배가 있어야 합니다.

예배 중에 혼의 예배가 따로 있습니다. 이 예배는 지식 강연하는 겁니다. 예수님이 하신 말씀 중에 교훈적인 것에만 집중하는 겁니다.

'오른뺨을 때리면 왼편을 돌려대라' 등 윤리 같은 것으로 예배하는 겁니다. 이건 기독교를 아주 매혹적인 것으로 보여줍니다. 그런데 이건 기독교의 정신을 강조하는 겁니다. 기독교의 정신을 강조하는 것도 중요하지만 예배는 영의 예배를 드려야 합니다.

역사적으로 보면, 아놀드 토인비 같은 사람은 세 가지 전공을 한 사람입니다. 첫 번째, 의사입니다. 아프리카에 가서 병든 사람을 고쳐주었습니다. 예수님처럼 살려고 했습니다.

"예수 그리스도의 그 흔적을 따라 살리라."

그다음에 아놀드 토인비는 유명한 음악가입니다. 음악이 대단했습니다. 그리고 마지막으로 아널드 토인비는 신학자입니다. 신학을 깊이 공부한 사람입니다.

의사요, 신학자요, 음악가였습니다. 그럼에도 불구하고, 아널드 토인비를 신앙인이라고 하지 않습니다. 그 사람은 기독교의 사상에 심취했던 사람이었습니다. 예수의 사상에 심취했던 사람입니다.

인도의 사상가 간디도 마찬가지입니다. 간디를 신앙인이라고는 볼 수 없습니다. 기독교의 사상에 심취하여, 그저 예수의 사상이 좋을 뿐입니다. 그게 전부입니다. 기독교의 사상에 매혹이 되어 산 사람은 신령한 세계와는 관계가 없는 겁니다.

기독교의 정신과 사상도 가끔 가다가는 강조를 해야 되겠지만, 우리의 본질은 영에 속해야 됩니다. 신령한 영적인 세계가 없는 정신은 의미가 없는 겁니다. 영의 예배가 우리 안에 열려야 합니다.

그리고 육체의 예배도 있습니다. 육의 예배는 '어떻게 하면 건강하게 사는가' 하는 웰빙에 초점이 맞춰진 겁니다. 그건 집에서 혼자해도 됩니다. 교회에서 예배는 영의 깊은 분야가 다루어져야 합니다.

육과 정신에 심취해서 영적인 부분을 놓치는 예배는 신령과 진정으로 예배를 드리는 것이 아닙니다.

'어떻게 하면 성공할 수 있나?'

'어떻게 하면 돈 버느냐?'
'어떻게 하면 오래 사느냐?'
'어떻게 하면 건강하게 사느냐?'

이런 것에 집중하는 것은 예배가 아닙니다. 교회에서 이런 것들이 필요하기는 해도 그것이 주력이 되어서는 안 됩니다.

사도 바울은 로마서에서 영적 예배에 대해서 우리의 몸을 하나님이 기뻐하시는 거룩한 산 제사로 드리는 것이라고 이야기했습니다.

로마서 12장 1절을 읽어봅시다.

"그러므로 형제들아 내가 하나님의 모든 자비하심으로 너희를 권하노니 너희 몸을 하나님이 기뻐하시는 거룩한 산 제사로 드리라 이는 너희의 드릴 영적 예배니라"(롬 12:1).

하나님이 기뻐하시는 거룩한 산 제사로 드리는 것이 바로 영적 예배라고 말합니다. 그리고 계속해서 이 세대를 본받지 말고 마음을 새롭게 하라고 했습니다.

로마서 12장 2절을 읽어봅시다.

"너희는 이 세대를 본받지 말고 오직 마음을 새롭게 함으로 변화를 받아 하나님의 선하시고 기뻐하시고 온전하신 뜻이 무엇인지 분별하도록 하라"(롬 12:2).

하나님의 선하시고 기뻐하시고 온전하신 뜻이 무엇인지 분별하여 거룩한 산 제사로 드리는 것이 바로 영적 예배입니다.

교회의 중심은 영의 예배가 되어야 합니다. 신령과 진정으로 하나님께 드리는 영적 예배가 되어야 합니다. 예배의 본질을 잃어버려서는 안 됩니다. 아멘.

3대 요소 중 가장 중요한 것

말하는 것에도 영의 말, 혼의 말, 육의 말이 있습니다. 우리는 말을 할 때 영으로 해야 됩니다. 영의 사람은 영의 말을 합니다. 혼이나 육의 말을 하는 것보다 영의 말에 집중해야 합니다. 영에 속한 사람은 항상 예수님을 얘기하고, 항상 교회를 얘기합니다. 말의 중심이 항상 영적입니다. 보편적인 평범한 말을 해도, 똑같은 사람이 말을 해도 영에 속한 사람이 말을 하면 그 말 자체가 영적 파장을 일으킵니다.

찬송도 마찬가지입니다. 영의 찬송을 해야 합니다. 혼으로 찬송하는 것과 육으로 찬송하는 것은 찬송 자체가 다릅니다. 신령한 노래로 부르는 찬송을 불러야 합니다. 이렇게 영의 사람이 되면 모든 면에서 영적인 사람이 됩니다.

수백 명의 사람들이 동시에 똑같은 말을 한 번 해본다고 생각해 봅시다.

"안녕하세요."

이 말을 같은 시간에, 같은 공간에서 했다고 해서 이 말을 듣는 사람의 느낌이 다 똑같지 않습니다. 사람마다 그 느낌이 다 다릅니다. 혼으로 말하는 사람과 육으로 말하는 사람이 다르고, 영에 속한 사람의 말도 다르게 느낍니다. 사람에게서 나가는 것들이 그 속에 있는 것이 포함되어 나가기 때문에 그렇습니다.

그래서 그냥 "안녕하세요" 하고 말하는 것이 기분 나쁠 때가 있습니다. 들을 때 딱 거슬리고 신경이 쓰이는 겁니다. 말의 내용이 아니라 그 말을 하는 사람의 속의 것이 그대로 전해지기 때문입니다. 육의 것은 육으로 전해지고, 혼의 것은 혼으로 전해집니다. 그리고 영의 것은 영으로 전해집니다.

영으로부터 출발

출발점이 중요합니다. 영으로부터 출발했는지, 혼으로부터 출발했는지, 육으로부터 출발했는지가 중요합니다. 제 말이 거칩니다. 아주 다듬어지지 않고, 럭비공처럼 어디로 튈지를 모릅니다. 제 맘대로 튑니다. 이건 제가 잘 압니다. 저의 이런 말 때문에 어떤 분들은 기분이 상하거나 신경질이 날 수도 있습니다. 그런데, 제 말의 형태가 거칠어도 듣는 사람이 은혜가 되는 사람이 있습니다. 그건 제가 말하는 출발점이 영이기 때문입니다.

반대로 아주 말을 다듬어서 하고 그 내용이 좋은 말이라도 그것이 육으로부터 출발하는 것이면, 신경질 나게 들릴 때가 있습니다. 출발점이 중요하다는 겁니다.

그러니까 말을 잘 다듬고 예쁘게 하려는 것보다 영에서 출발하도록 노력해야 합니다. 우리가 말을 할 때 말의 단어, 말의 형태보다 말의 본질이 어디서 출발되어지느냐가 중요합니다.

이건 우리가 교회에서 말하는 용어도 마찬가지입니다. 교회에서 사용하는 용어들이 거룩하고 영적인 겁니다. 하지만 그것을 말하는 사람의 중심, 출발점이 영적이지 않으면, 아무리 영적인 말을 한다고 하더라도 영이 전달되지 않습니다. 똑같이 "할렐루야"를 외쳐도 듣는 느낌이 다르다는 겁니다. "할렐루야"를 아무나 한다고 그것이 영의 말이 되느냐? 안 되는 겁니다. 출발점이 영이 아니면, 영의 말이 될 수 없습니다. 이게 아주 민감하단 말입니다. 아멘.

그래서 우리의 출발점은 영이 되어야 합니다. 우리 안에 성령이 충만해서 말의 내용과 단어와 형태가 다르더라도 그것이 영적인 것이 되는 겁니다. 아멘.

출발이 영이면, 도착하는 것도 영적인 영역까지 갑니다. 출발이 혼이면, 도착하는 것도 혼의 영역까지 갑니다. 영적인 부분까지 갈 수 없습니다. 당연한 이야기이지만, 영이 출발하지 않았기 때문에 영적인 부분에 도착할 수 없는 겁니다. 육에서 출발하면, 육까지만 도착합니다. 그래서 우리는 영으로 말하고, 영으로 듣는 훈련이 필요합니다.

> **기도**
>
> "나의 하나님, 영광과 존귀를 받으옵소서. 얼마나 영에 속한 것이 중요한지 잘 알았습니다. 영에 속한 사람으로 살게 하옵소서. 영의 눈으로 분별하여 살게 하옵소서. 예수 그리스도의 이름으로 기도하옵나이다. 아멘."

03

노아의 방주, 성막, 성전

창세기 6장 9-16절

⁹노아의 사적은 이러하니라 노아는 의인이요 당세에 완전한 자라 그가 하나님과 동행하였으며 ¹⁰그가 세 아들을 낳았으니 셈과 함과 야벳이라 ¹¹때에 온 땅이 하나님 앞에 패괴하여 강포가 땅에 충만한지라 ¹²하나님이 보신즉 땅이 패괴하였으니 이는 땅에서 모든 혈육 있는 자의 행위가 패괴함이었더라 ¹³하나님이 노아에게 이르시되 모든 혈육 있는 자의 강포가 땅에 가득하므로 그 끝날이 내 앞에 이르렀으니 내가 그들을 땅과 함께 멸하리라 ¹⁴너는 잣나무로 너를 위하여 방주를 짓되 그 안에 간들을 막고 역청으로 그 안팎에 칠하라 ¹⁵그 방주의 제도는 이러하니 장이 삼백 규빗, 광이 오십 규빗, 고가 삼십 규빗이며 ¹⁶거기 창을 내되 위에서부터 한 규빗에 내고 그 문은 옆으로 내고 상 중 하 삼층으로 할찌니라

출애굽기 40장 1-38절

¹여호와께서 모세에게 일러 가라사대 ²너는 정월 초일일에 성막 곧 회막을 세우고 ³또 증거궤를 들여 놓고 또 장으로 그 궤를 가리우고 ⁴또 상을 들여 놓고 그 위에 물품을 진설하고 등대를 들여 놓고 불을 켜고 ⁵또 금 향단을 증거궤 앞에 두고 성막 문에 장을 달고 ⁶또 번제단을 회막의 성막 문 앞에 놓고 ⁷또 물두멍을 회막과 단 사이에 놓고 그 속에 물을 담고 ⁸또 뜰 주위에 포장을 치고 뜰 문에 장을 달고 ⁹또 관유를 취하여 성막과 그 안에 있는 모든 것에 발라 그것과 그 모든 기구를 거룩하게 하라 그것이 거룩하리라 ¹⁰너는 또 번제단과 그 모든 기구에 발라 그 안을 거룩하게 하라 그 단이 지극히 거룩하리라 ¹¹너는 또 물두멍과 그 받침에 발라 거룩하게 하고 ¹²너는 또 아론과 그 아들들을 회막문으로 데려다가 물로 씻기고 ¹³아론에게 거룩한 옷을 입히고 그에게 기름을 부어 거룩하게 하여 그로 내게 제사장의 직분을 행하게 하라 ¹⁴너는 또 그 아들들을 데려다가 그들에게 겉옷을 입히고 ¹⁵그 아비에게 기름을 부음 같이 그들에게도 부어서 그들로 내게 제사장 직분을 행하게 하라 그들이 기름 부음을 받았은즉 대대로 영영히 제사장이 되리라 하시매 ¹⁶모세가 그 같이 행하되 곧 여호와께서 자기에게 명하신대로 다 행하였더라 ¹⁷제 이년 정월 곧 그 달 초일일에 성막을 세우니라 ¹⁸모세가 성막을 세우되 그 받침들을 놓고 그 널판들을 세우고 그 띠를 띠우고 그 기둥들을 세우고 ¹⁹또 성막 위에 막을 펴고 그 위에 덮개를 덮으니 여호와께서 모세에게 명하신대로 되니라 ²⁰그가 또 증거판을 궤 속에 넣고 채를 궤에 꿰고 속죄소를 궤 위에 두고 ²¹또 그 궤를 성막에 들여 놓고 장을 드리워서 그 증거궤를 가리우니 여호와께서 모세에게 명하신대로 되니라 ²²그가 또 회막 안 곧 성막 북편으로 장 밖에 상을 놓고 ²³또 여호와 앞 그 상위에 떡을 진설하니 여호와께서 모

세에게 명하신대로 되니라 ^{24}그가 또 회막 안 곧 성막 남편에 등대를 놓아 상과 대하게 하고 ^{25}또 여호와 앞에 등잔에 불을 켜니 여호와께서 모세에게 명하신대로 되니라 ^{26}그가 또 금 향단을 회막 안 장 앞에 두고 ^{27}그 위에 향기로운 향을 사르니 여호와께서 모세에게 명하신대로 되니라 ^{28}그가 또 성막문에 장을 달고 ^{29}또 회막의 성막 문 앞에 번제단을 두고 번제와 소제를 그 위에 드리니 여호와께서 모세에게 명하신대로 되니라 ^{30}그가 또 물두멍을 회막과 단 사이에 두고 거기 씻을 물을 담고 ^{31}자기와 아론과 그 아들들이 거기서 수족을 씻되 ^{32}그들이 회막에 들어갈 때와 단에 가까이 갈 때에 씻었으니 여호와께서 모세에게 명하신대로 되니라 ^{33}그가 또 성막과 단 사면 뜰에 포장을 치고 뜰문의 장을 다니라 모세가 이같이 역사를 필하였더라 ^{34}그 후에 구름이 회막에 덮이고 여호와의 영광이 성막에 충만하매 ^{35}모세가 회막에 들어갈 수 없었으니 이는 구름이 회막 위에 덮이고 여호와의 영광이 성막에 충만함이었으며 ^{36}구름이 성막 위에서 떠오를 때에는 이스라엘 자손이 그 모든 행하는 길에 앞으로 발행하였고 ^{37}구름이 떠오르지 않을 때에는 떠오르는 날까지 발행하지 아니하였으며 ^{38}낮에는 여호와의 구름이 성막 위에 있고 밤에는 불이 그 구름 가운데 있음을 이스라엘의 온 족속이 그 모든 행하는 길에서 친히 보았더라

열왕기상 8장 1-11절

^{1}이에 솔로몬이 여호와의 언약궤를 다윗성 곧 시온에서 메어 올리고자 하여 이스라엘 장로와 모든 지파의 두목 곧 이스라엘 자손의 족장들을 예루살렘 자기에게로 소집하니 ^{2}이스라엘 모든 사람이 다 에다님월 곧 칠월 절기에 솔로몬왕에게 모이고 ^{3}이스라엘 장로들이 다 이르매 제사장들이 궤를 메니라 ^{4}여호와의 궤와 회막과 성막 안의 모든

거룩한 기구들을 메고 올라가되 제사장과 레위 사람이 그것들을 메고 올라가매 [5]솔로몬왕과 그 앞에 모인 이스라엘 회중이 저와 함께 궤 앞에 있어 양과 소로 제사를 드렸으니 그 수가 많아 기록할 수도 없고 셀 수도 없었더라 [6]제사장들이 여호와의 언약궤를 그 처소로 메어 들였으니 곧 내전 지성소 그룹들의 날개 아래라 [7]그룹들이 궤 처소 위에서 날개를 펴서 궤와 그 채를 덮었는데 [8]채가 긴고로 채 끝이 내전 앞 성소에서 보이나 밖에서는 보이지 아니하며 그 채는 오늘까지 그곳에 있으며 [9]궤 안에는 두 돌판 외에 아무 것도 없으니 이것은 이스라엘 자손이 애굽 땅에서 나온 후 여호와께서 저희와 언약을 세우실 때에 모세가 호렙에서 그 안에 넣은 것이더라 [10]제사장이 성소에서 나올 때에 구름이 여호와의 전에 가득하매 [11]제사장이 그 구름으로 인하여 능히 서서 섬기지 못하였으니 이는 여호와의 영광이 여호와의 전에 가득함이었더라

하나님이 인간을 만든 **"의도"**가 있습니다. 인간은 하나님이 만드실 때 세 가지 요소로 만들있습니다. **"영"**, **"혼"**, **"육체"**입니다. 영은 인간 중심에 있는 겁니다. 혼은 영과 육체를 연결하는 하나의 매개체입니다. "육체"는 우리의 몸을 이야기합니다.

가끔 인간을 두 가지 요소로 이야기하기도 합니다. 영과 혼을 묶어서 "영혼", 그다음에 "육체"입니다. 이렇게 두 가지 요소로 나누는 경우가 있지만, 제가 볼 때는 성경적으로 세 개로 보는 것이 더 합당합니다.

왜냐하면, "영과 혼과 육체"로 이루어진 것이 하나님의 삼위일체와 동일한 구조이기 때문입니다. 하나님이 삼위일체이신데, 성부, 성자, 성령 하나님이 인간을 만들 때 하나님의 형상대로 지어졌기 때문에 인간도 영, 혼, 육체로 보는 것이 낫습니다.

노아의 방주

영, 혼, 육체의 구조가 더 명확하게 드러나는 것이 창세기에 나오는 **"노아의 방주"**입니다. 노아의 방주는 어떻게 만들어졌는지 아십니까?

창세기 6장 9-16절을 읽어봅시다.

"노아의 사적은 이러하니라 노아는 의인이요 당세에 완전한 자라 그가 하나님과 동행하였으며 그가 세 아들을 낳았으니 셈과 함과 야벳이라 때에 온 땅이 하나님 앞에 패괴하여 강포가 땅에 충만한지라 하나님이 보신즉 땅이 패괴하였으니 이는 땅에서 모든 혈육 있는 자의 행위가 패괴함이었더라 하나님이 노아에게 이르시되 모든 혈육 있는 자의 강포가 땅에 가득하므로 그 끝날이 내 앞에 이르렀으니 내가 그들을 땅과 함께 멸하리라 너는 잣나무로 너를 위하여 방주를 짓되 그 안에 간들을 막고 역청으로 그 안팎에 칠하라 그 방주의 제도는 이러하니 장이 삼백 규빗, 광이 오십 규빗, 고가 삼십 규빗이며 거기 창을 내되 위에서부터 한 규빗에 내고 그 문은 옆으로 내고 상 중 하 삼층으로 할찌니라"(창 6:9-16).

하나님이 노아에게 방주를 만들 때 **"상, 중, 하"**로 만들게 하셨습니다. 3층으로 만들게 하셨습니다. 노아의 방주는 인간론에 대한 **"확대 설명"**입니다. 그러니까 인간은 세 가지로 되어 있다는 것이 더 맞습니다.

노아의 방주를 앞으로 더 나가서 이루어진 계시가 하나님의 성경 계시로 보면 점점 확대가 됩니다. 마치 부채꼴처럼 되어 있습니다. 삼위일체 하나님이 인간을 창조하신 창세기 1장의 말씀이 점점 계시가 확대되어 가는 겁니다.

창세기 1장의 설명에 대해서 하나님이 다른 방법으로 또 설명을 하십니다. 먼저, 노아의 방주입니다. 노아의 방주가 나중에 모세에게 가서는 **"성막"**으로 바뀝니다. 성막은 노아의 방주에 뿌리를 두고 있는 겁니다. 이 성막도 결국은 세 개로 되어 있습니다. **"마당", "성소", "지성소"**입니다. 성막이 3단계로 되어 있단 말입니다. 이 성막의 앞에 있는 것이 노아의 방주입니다.

성막이 솔로몬 때 **"성전"**으로 갑니다. 성전도 결국은 세 곳으로 되어 있습니다. **"마당(뜰)", "성소", "지성소"**입니다. 그리고 이것이 결국 완전한 계시가 벗어져 알려진 것은 신약시대의 **"바울 서신"**에 나옵니다. 여기에서 하나님의 의도가 다 드러나게 되는 겁니다. 하나님이 인간을 만든 의도가 나타나는 겁니다.

하나님이 인간 속에 좌정했을 때 일어나는 현상

하나님이 사람 속에 찾아가서서 원래 인간을 만든 그 의도대로 되었을 때, 하나님이 인간 속에 좌정했을 때 일어나는 현상이 있습니다.

1. 영광

첫 번째가 **"영광"**입니다. 하나님은 사람에게 올 때 그냥 오지 않습니다. 하나님이 오시는 자리는 항상 영광이 일어납니다. 할렐루야.

구약시대에는 하나님이 오신다는 것을 제단 위에 나타나는 불로 보여주셨습니다. 이 불이 곧 하나님의 영광입니다. 하나님이 '내가 이 속에 왔다'는 것을 제단에 불이 떨어지는 것으로 나타내셨습니다. 그것이 바로 영광입니다. 하나님의 영광이 사람 위에 임한단 말입니다.

그러니까 오늘날도 여러분 속에 하나님이 임재하시면, 하나님의 영광이 나타납니다. 예수가 들어오면 얼굴색이 달라집니다. 모세가 시내 산에 갔다 올 때 얼굴에 광채가 난 것처럼 말입니다. 스데반의 얼굴에 광채가 난 것처럼 말입니다. 하나님이 임재하고 들어간 사람들은 거기에 꼭 나타나는 게 영광입니다. 여러분에게 하나님의 영광이 나타나기를 바랍니다.

출애굽기를 보면, 모세가 성막을 지었을 때 성막에 하나님의 영광이 와서 덮어버렸다고 합니다.

출애굽기 40장 1-35절을 읽어봅시다.

"여호와께서 모세에게 일러 가라사대 너는 정월 초일일에 성막 곧 회막을 세우고 또 증거궤를 들여 놓고 또 장으로 그 궤를 가리우고 또 상을 들여 놓고 그 위에 물품을 진설하고 등대를 들여 놓고 불을 켜고 또 금 향단을 증거궤 앞에 두고 성막 문에 장을 달고 또 번제단을 회막의 성막 문 앞에 놓고 또 물두멍을 회막과 단 사이에 놓고 그 속에 물을 담고 또 뜰 주위에 포장을 치고 뜰 문에 장을 달고 또 관유를 취하여 성막과 그 안에 있는 모든 것에 발라 그것과 그 모든 기구를 거룩하게 하라 그것이 거룩하리라 너는 또 번제단과 그 모든 기구에 발라 그 안을 거룩하게 하라 그 단이 지극히 거룩하리라 너는 또 물두멍과 그 받침에 발라 거룩하게 하고 너는 또 아론과 그 아들들을 회막문으로 데려다가 물로 씻기고 아론에게 거룩한 옷을 입히고 그에게 기름을 부어 거룩하게 하여 그로 내게 제사장의 직분을 행하게 하라 너는 또 그 아들들을 데려다가 그들에게 겉옷을 입히고 그 아비에게 기름을 부음 같이 그들에게도 부어서 그들로 내게 제사장 직분을 행하게 하라 그들이 기름 부음을 받았은즉 대대로 영영히 제사장이 되리라 하시매 모세가 그 같이 행하되 곧 여호와께서 자기에게 명하신대로 다 행하였더라 제 이년 정월 곧 그 달 초일일에 성막을 세우니라 모세가 성막을 세우되 그 받침들을 놓고 그 널판들을 세우고 그 띠를 띠우고 그 기둥들을 세우고 또 성막 위에 막을 펴고 그 위에 덮개를 덮으니 여호와께서 모세에게 명하신대로 되니라 그가 또 증거판을 궤 속에 넣고 채를 궤에 꿰고 속죄소를 궤 위에 두고 또 그 궤를 성막에 들여 놓고 장을 드리워서 그 증거궤를 가리우니 여호와께서 모세에게 명하신대로 되니라 그가 또 회막 안 곧 성막 북편으로 장 밖에 상을 놓고 또 여호와 앞 그 상 위에 떡을 진설하니 여호와께서 모세에게 명하신대로 되니라 그가 또 회막 안 곧 성막 남편에 등대를 놓아 상과 대하게 하고 또 여호와 앞에 등잔에 불을 켜니 여호와께서 모세에게 명하신대로 되니라 그가 또 금향단을 회막 안 장 앞에 두고 그 위에 향기로운 향을 사르니 여호와께서 모세에게 명하신대로 되니라 그가 또 성막문에 장을 달고 또 회막의 성막 문 앞에 번제단을 두고 번제와 소제를 그 위에 드리니 여호와께서 모세에게 명하신대로 되니라 그가 또 물두멍을 회막과 단 사이에 두고 거기 씻을 물을 담고 자기와 아론과 그 아들들이 거기서 수족을 씻되 그들이 회막에 들어갈 때와 단에 가까이 갈 때에 씻었으니 여호와께서 모세에게 명하신대로 되니라 그가 또 성막과 단 사면 뜰에 포장을 치고 뜰문의 장을 다니라 모세가 이같이 역사를 필하였더라 그 후에 구름이 회막에 덮이고 여호와의 영광이 성막에 충만하매 모세가 회막에 들어갈 수 없었으니 이는 구름이 회막 위에 덮이고 여호와의 영광이 성막에 충만함이었으며"(출 40:1-35).

여호와의 영광이 성막에 충만했다는 이 성경구절이 솔로몬 시대에도 일어납니다. 솔로몬이 하나님의 성전을 봉헌했을 때입니다. 하나님의 영광이 얼마나 세게 임했는지 사람들이 들어갈 수 없을 만큼 하나님의 영광이 구름처럼 덮었다고 합니다.

열왕기상 8장 1-11절을 읽어봅시다.

"이에 솔로몬이 여호와의 언약궤를 다윗성 곧 시온에서 메어 올리고자 하여 이스라엘 장로와 모든 지파의 두목 곧 이스라엘 자손의 족장들을 예루살렘 자기에게로 소집하니 이스라엘 모든 사람이 다 에다님월 곧 칠월 절기에 솔로몬왕에게 모이고 이스라엘 장로들이 다 이르매 제사장들이 궤를 메니라 여호와의 궤와 회막과 성막 안의 모든 거룩한 기구들을 메고 올라가되 제사장과 레위 사람이 그것들을 메고 올라가매 솔로몬왕과 그 앞에 모인 이스라엘 회중이 저와 함께 궤 앞에 있어 양과 소로 제사를 드렸으니 그 수가 많아 기록할 수도 없고 셀 수도 없었더라 제사장들이 여호와의 언약궤를 그 처소로 메어 들였으니 곧 내전 지성소 그룹들의 날개 아래라 그룹들이 궤 처소 위에서 날개를 펴서 궤와 그 채를 덮었는데 채가 긴고로 채 끝이 내전 앞 성소에서 보이나 밖에서는 보이지 아니하며 그 채는 오늘까지 그곳에 있으며 궤 안에는 두 돌판 외에 아무 것도 없으니 이것은 이스라엘 자손이 애굽 땅에서 나온 후 여호와께서 저희와 언약을 세우실 때에 모세가 호렙에서 그 안에 넣은 것이더라 제사장이 성소에서 나올 때에 구름이 여호와의 전에 가득하매 제사장이 그 구름으로 인하여 능히 서서 섬기지 못하였으니 이는 여호와의 영광이 여호와의 전에 가득함이었더라"(왕상 8:1-11).

여호와의 영광이 여호와의 전인 성전에 가득했기 때문에 제사장이 능히 서서 섬기지 못했다고 했습니다. 구약시대에 하나님의 영광이 이렇게 강하게 역사했습니다. 이 영광은 구약시대에만 머무르지 않습니다.

신약시대에 여러분과 저는 하나님의 성전입니다.

고린도전서 3장 16절입니다.

"너희가 하나님의 성전인 것과 하나님의 성령이 너희 안에 거하시는 것을 알지 못하느뇨"(고전 3:16).

그러니까 오늘날도 성전인 사람 속에 하나님이 임재하시면 여러분 속에 영광이 일어난다는 겁니다. 할렐루야.

하나님의 영광이 사람 속에 임하는 것은 하나님이 입주했다는 것을 의미합니다. 하나님이 사람 속에 입주하면 그 사람에게 영광이 일어납니다. 구약시대 같으면 연기가 시내 산을 덮든지, 제사장들이 성막에 들어갈 수 없을 만큼 임하든지 할 겁니다. 오늘날에는 하나님의 처소요, 거처요, 그릇인 우리 안에 영광이 나타나게 되는 겁니다.

2. 예배 현상

두 번째, 하나님이 사람 속에 좌정하시면 **"예배 현상"**이 일어납니다. 여러분이 아무나 예배를 한다고 생각하면 안 됩니다. 우리가 쉽게 예배를 드리는 줄 알고 있지만, 그건 아닙니다. 교회에 와서 앉아 있는 것만으로는 예배가 될 수 없습니다. 진정한 예배는 하나님이 그 사람 안에 들어온 사람에게만 예배 현상이 일어납니다.

예배에는 4대 요소가 있습니다. 먼저 **"찬송"**입니다. 예배한다는 것은 찬송하는 겁니다. 하나님이 사람 속에 임재하면 그냥 찬송이 밀려 나옵니다. 내가 찬송하는 게 아닙니다. 속에서부터 찬송이 밀려 나오는 겁니다. 하나님이 들어와 계시기 때문에 찬송이 자연스럽게 나오는 겁니다.

두 번째는 **"기도"**입니다. 여러분, 사람의 힘으로 기도를 합니까? 아닙니다. 우리의 힘으로 기도하는 것처럼 보이지만, 그것은 힘듭니다. 기도는 찬송과 마찬가지로 하나님이 사람 속에 들어왔을 때 나오는 겁니다.

기도는 하나님과 대화하는 겁니다. 하나님이 내 안에 들어오지 않고, 나 혼자 하는 것은 기도가 아닙니다. 그냥 말한다고 기도가 되는 것이 아닙니다. 내 속에 오신 하나님하고 말하는 것이 기도입니다. 하나님이 내 안에 오기 전에는 기도가 안 된다는 겁니다. 기도 자체는 신비한 겁니다. 사람의 힘으로 할 수 없는 겁니다.

세 번째는 **"깨달음"**입니다. 이건 말씀인데, 예배에서의 깨달음입니다. 여러분, 하나님이 사람 속에 들어오지 아니하면 하나님의 말씀을 들어도 무슨 말인지 못 알아듣습니다. 목사님이 설교하는 걸 못 알아듣습니다. 뭐, 지식적으로 알아듣는다고 할 수 있겠지만, 무슨 의도로 하는 말인지 못 알아듣는 겁니다. 전혀 못 알아듣습니다. 왜냐하면, 하나님이 사람 속에 안 들어오면 귀가 열리지 않기 때문입니다. 세상의 말귀는 알아들어도 교회의 말귀는 못 알아듣는 겁니다. 예수님이 "귀 있는 자는 들을찌어다" 하고 말씀하신 것이 바로 이겁니다. 하나님이 사람 속에 들어온 사람만이 깨닫게 된다는 겁니다. 이것이 하나님의 말씀을 듣는 예배의 원리입니다.

네 번째는 **"감사"**입니다. 하나님이 들어온 사람은 범사에 감사함이 나옵니다. 하나님이 내 안에 계시기 때문에 항상 감사가 넘칠 수밖에 없습니다. 사람의 눈으로 볼 때 감사할 수 없는 상황에서도 감사가 나옵니다. 그건 사람이 할 수 없는 겁니다. 그 안에 하나님이 계시기 때문에 환난과 고통의 순간에서도 감사가 나오는 겁니다.

예배, 찬송, 말씀의 깨달음, 그리고 감사, 이 네 개를 예배의 4대 요소라고 합니다. 이것은 사람 마음대로 안 됩니다. 사람 속에 예수 우리의 왕이 들어오실 때만 일어나는 겁니다. 그래서 예배의 4대 요소가 일어나는 현상을 보고, 그 안에 '예수님이 들어와 계시는구나' 하고 말할 수 있는 겁니다.

언제 어디서든지 예배 현상이 일어나야 합니다. 집에 있을 때도 찬송이 나오고, 출근할 때도 기도가 나와야 합니다. 교회에서만 찬송하고 기도하는 것이 아닙니다. 하나님이 들어간 사람은 그렇게 될 수밖에 없습니다. 아멘.

오늘 집을 나서기 전 기도했습니까? 오늘 은총 받기 위해 기도했습니까? 기도는 우리의 안식이고, 빛으로 인도합니다. 아멘.

기도를 누구나 다 할 줄 알면 그 기도를 누구든지 다 합니다. 기도는 아무나 하는 게 아닙니다. 기도는 하나님이 사람 속에 들어온 사람, 예수가 사람 속에 들어온 사람, 그 사람만이 기도를 할 수 있습니다. 우리 함께 '오늘 집을 나서기 전'을 찬양합시다.

<오늘 집을 나서기 전>

1. 오늘 집을 나서기 전 기도했나요
   오늘 받을 은총 위해 호소했나요

2. 맘에 분이 가득찰 때 기도했나요
   나의 앞길 막는 친구 용서했나요

3. 어려운 시험 닥칠 때 기도했나요
   주가 함께 당하시며 능히 이기리

4. 나의 일생 다 가도록 기도하리라
   주께 맡긴 나의 생애 영원하리라

후렴) 기도는 우리의 안식 빛으로 인도하리
   앞이 캄캄할 때 기도 잊지마시오

여러분, 우리가 예배 속에 묻혀서 살아야 합니다. 삶 자체가 예배가 되어야 합니다. 예수가 내 속에 들어와야 내 삶이 예배가 됩니다. 그러니까 하나님이 사람 속에 들어오지 않은 사람은 대화가 되지 않습니다. 듣는 귀가 없기 때문에 아무리 이야기해도 못 알아듣습니다. 무슨 말을 하는지 모릅니다.

3. 하나님의 증거

하나님이 사람 속에 들어오면, 세 번째 일어나는 현상은 **"하나님의 증거"**입니다. 여러분, 사람도 어디에 들어가면 사람이 앉은 흔적이 있습니다. 하나님은 그 자리의 흔적이 더 큽니다. 하나님이 사람의 속에 들어올 때 조용히 안 들어옵니다.

"내가 들어왔다."

그리고 흔적을 남깁니다. 그 흔적이 "기도 응답"으로 나타납니다. 기적이 나타납니다. 아멘. 여러분이 기도하면, 응답이 된다는 말입니다. "내가 들어왔다" 하고 하나님의 응답이 온다는 겁니다. 인간 속에 하나님이 오면, 하나님은 조용히 있지 않습니다.

하나님은 사람 속에서 소리를 치십니다.

"내가 너와 함께하리라."
"내가 네 속에 들어왔다."

그러니까 하나님이 들어온 사람들에게서 하나님의 증거들이 일어나고, 병이 낫는 겁니다. 아멘. 병이 그냥 낫는 게 아닙니다. 하나님이 들어오셨기 때문에 낫는 겁니다.

"내가 네 속에 들어왔다."

하나님의 증거로 병을 고쳐주는 겁니다. 교회에서 예배드리면 병 낫는 사람들이 많잖습니까? 귀신이 소리치며 떠나가는 것도 전부 하나님의 증거인 겁니다. 그런 일들이 여러분에게 많이 일어나기를 바랍니다.

4. 하나님의 인도하심

마지막으로, **"하나님의 인도하심"**입니다. 하나님이 우리 속에 오시면, 하나님이 함께하신다는 겁니다.

"내가 앞으로 너와 함께하리라."

하나님이 나와 함께하시는 것을 내 삶에서 느낄 수 있습니다. 하나님이 나를 이끌어 주신다는 것을 느낄 수 있습니다. 기독교는 이론에서만 그치지 않습니다. 기독교는 종교가 아닙니다. 기독교는 어떤 사상이 아닙니다. 기독교는 체험입니다. 기독교는 실제 삶에서 체험할 수 있습니다. 하나님이 내 속에 와 있다는 것을 누릴 수 있습니다. 아니 하나님이 내 속에 와 있다면, 누려야 합니다. 하나님이 내 속에 와 있음을 누릴 수 있단 말입니다.

만약 여러분이 그걸 누리지 못한다면, 하나님이 내 속에 오시지 않은 겁니다. 그건 기독교가 아닙니다. 기독교는 실제의 삶에서 체험하는 겁니다. 하나님이 오시면, 우리는 그걸 누릴 수 있습니다. 그래서 기독교는 **"생명"**이고, 정말 예수가 내 속에 와 있음을 아는 겁니다.

하나님은 사람을 만들 때부터 의도가 있습니다. 인간 창조의 원리가 있습니다. 하나님은 우리 인간 속에 와서 처소로, 집으로, 그릇으로, 거처로, 연합으로, 함께 하시려고 설계하시고 공사하신 겁니다. 하지만 아직 준공필 상태입니다. 그리고 하나님의 인간 창조의 준공필증은 하나님이 사람 속에 들어왔을 때 비로소 완성이 됩니다.

창세기에서 하나님이 흙으로 사람을 만들고 코에 생기를 부는 것으로 인간 창조가 다 된 게 아닙니다. 여러분이 예수를 믿는 그 날이 하나님의 인간 창조가 끝나는 날입니다. 예수가 내 속에 들어오는 날이 그날이란 말입니다.

이것이 안 된 사람들은 인간 창조의 미완성품입니다. 사람이 태어났다고 완성되는 것이 아닙니다. 아직 부족한 상태입니다. 예수가 사람 속에 올 때, 비로소 하나님이 계획하시고 섭리하신 인간 창조의 원리가 온전하게 이루어지는 겁니다. 아멘.

여러분 속에 예수님이 오셨습니까? 아직 예수님이 오시지 않았다면, 미완성품입니다. 여러분 속에 예수님이 오셨다면, 하나님께서 계획하고 의도하신 대로 인간이 된 겁니다.

하나님의 의도

고린도전서 3장 16절을 읽어 보시면 인간을 만든 하나님의 의도가 보입니다.

고린도전서 3장 16절을 읽어봅시다.

"너희는 너희가 하나님의 성전인 것과 하나님의 성령이 너희 안에 계시는 것을 알지 못하느냐"(고전 3:16).

사도 바울에게 활짝 열린 계시로 하나님이 사람을 만들 때를 보니까, 인간을 만든 하나님의 의도와 원리가 나타나는 겁니다. 인간을 하나님이 **"성전"**으로 만들었다는 겁니다.

하나님이 사람을 성전으로 만들었다는 것을 다른 말로 하면, 하나님이 에덴동산에서 처음 인간을 만드실 때 인간에 대한 창조의 원리, 창조의 의도가 있었다는 겁니다. 바로 하나님 자신이 인간 속에 들어오시도록 인간을 **"하나님의 처소"**로 만들었다는 겁니다. 바울 서신에 있는 단어를 다 이렇게 보면 너희는 하나님이 거하시는 처소라는 겁니다.

고린도후서 6장 16절에서는 뭐라고 했는지 살펴봅시다.

"하나님의 성전과 우상이 어찌 일치가 되리요 우리는 살아 계신 하나님의 성전이라 이와 같이 하나님께서 이르시되 내가 그들 가운데 거하며 두루 행하여 나는 그들의 하나님이 되고 그들은 나의 백성이 되리라"(고후 6:16).

여기서도 우리는 살아계신 하나님의 성전이라고 합니다. 그러니까 하나님이 사람을 만들 때 성전으로 만들었을 뿐 아니라 하나님이 계시는 처소로 만드신 겁니다.

고린도전서 6장 19절을 보시면, 하나님이 인간을 만든 의도가 더 확실히 드러나고 있습니다.

고린도전서 6장 19절을 읽어봅시다.

"너희 몸은 너희가 하나님께로부터 받은 바 너희 가운데 계신 성령의 전인 줄을 알지 못하느냐 너희는 너희 자신의 것이 아니라"(고전 6:19).

"성령의 전." 너희는 곧 하나님께로부터 받은 하나님의 성령의 전이라고 그랬습니다. 기억하기를 바랍니다. 하나님께로부터 받은 하나님의 성령의 전이 바로 우리라고 말씀하십니다.

또 인간이 하나님을 담는 **"그릇"**이라고 합니다. 그것도 질그릇으로 말입니다.

고린도후서 4장 7절을 읽어봅시다.

"우리가 이 보배를 질그릇에 가졌으니 이는 능력의 심히 큰 것이 하나님께 있고 우리에게 있지 아니함을 알게 하려 함이라"(고후 4:7).

디모데후서 2장 20절도 읽어봅시다.

"큰 집에는 금과 은의 그릇이 있을뿐 아니요 나무와 질그릇도 있어 귀히 쓰는 것도 있고 천히 쓰는 것도 있나니"(딤후 2:20).

에베소서에서는 하나님의 거하실 **"처소"**라고 이야기합니다.

에베소서 2장 22절을 읽어봅시다.

"너희도 성령 안에서 하나님의 거하실 처소가 되기 위하여 예수 안에서 함께 지어져 가느니라"(엡 2:22).

고린도후서 5장 2절도 읽어봅시다.

"과연 우리가 여기 있어 탄식하며 하늘로부터 오는 우리 처소로 덧입기를 간절히 사모하노니"(고후 5:2).

하나님은 우리를 하나님의 처소로 만드신 겁니다. 그리고 하나님은 우리를 하나님의 집이라고 합니다.

베드로전서 2장 5절을 읽어봅시다.

"너희도 산 돌 같이 신령한 집으로 세워지고 예수 그리스도로 말미암아 하나님이 기쁘게 받으실 신령한 제사를 드릴 거룩한 제사장이 될찌니라"(벧전 2:5)

베드로전서에서는 우리를 **"신령한 집"**이라고 합니다. 하나님이 우리를 산 돌 같이 신령한 집으로 세우셨습니다.

그다음은 장막입니다. 장막에 대한 것은 고린도후서 5장 1절입니다.

"만일 땅에 있는 우리의 장막 집이 무너지면 하나님께서 지으신 집 곧 손으로 지은 것이 아니요 하늘에 있는 영원한 집이 우리에게 있는 줄 아나니"(고후 5:1).

요한복음 14장 23절을 읽어봅시다.

"예수께서 대답하여 가라사대 사람이 나를 사랑하면 내 말을 지키리니 내 아버지께서 저를 사랑하실 것이요 우리가 저에게 와서 거처를 저와 함께 하리라"(요 14:23).

갈라디아서 3장에서는 하나님께서 만드신 사람이 그리스도로 옷 입었다고 했습니다.

갈라디아서 3장 27-28절을 읽어봅시다.

"누구든지 그리스도와 합하여 세례를 받은 자는 그리스도로 옷입었느니라 너희는 유대인이나 헬라인이나 종이나 자주자나 남자나 여자 없이 다 그리스도 예수 안에서 하나이니라"(갈 3:27-28).

이렇게 하나님의 창조 원리와 의도가 다 연결해서 드러나는 겁니다. 처소, 집, 그릇, 성전 등은 하나님이 인간을 처음 만들 때부터 하나님이 사람 속에 들어와서 살려고 만드신 겁니다. 이것이 하나님의 인간 창조의 의도입니다.

하나님이 여러분 속에 들어와서 살려고 여러분을 만들었다는 겁니다. 그렇다면 여러분에 묻겠습니다. 하나님이 여러분 속에 들어와서 살도록 허락하시겠습니까? 허락하시면, 아멘으로 응답하시기 바랍니다.

어떤 사람은 이렇게 생각할 수 있을 겁니다.

'내 몸인데, 왜 하나님이 내 속에 들어와서 살려고 하시는 거지?'
'내 속에 나 혼자 살면 되는데, 이게 말이 되는 거야?'

그런데 그렇게 할 수 없는 것이 인간 속에 하나님이 없으면, 빈 공간으로 있는 것이 아닙니다. 그 속에 사탄 마귀가 자리를 잡습니다. 인간 속에 원수 마귀가 도적처럼 숨어 들어와 있기 때문에 인간은 비어 있다고 생각합니다. 아니 사람이 자기 마음대로 사는 것처럼 생각하게 합니다. 사람은 마귀가 자신의 마음 속에 자리 잡은 것을 모르고 자기 마음대로 산다고 말하지만, 사탄 마귀의 조정을 받고 마귀의 종노릇을 하는 겁니다.

인간들이 모르고 사니까, 자기 잘난 맛에 그냥 사는 겁니다. 마귀가 사람 속에 들어와서 있는지 알면, 그 사람이 가만히 있겠습니까? 도적처럼 숨어들어왔는데, 그걸 그냥 두겠습니까? 그걸 모르고 있으니까, 자기 잘난 맛에 그냥 사는 겁니다.

그런데 설사 마귀가 내 안에 살고 있다는 걸 알아도 우리의 힘으로 마귀를 쫓아내지 못합니다. 마귀한테 아무리 나가라고 해도 안 나갑니다.

"마음대로 해라."
"싫다."

때로는 "알았다" 하면서 나가지 않습니다. 화를 내고 성을 내도 마귀는 콧방귀도 안 뀝니다. 마귀보다 우리가 힘이 약하기 때문입니다. 우리가 어떻게 해볼 수 없는 존재가 바로 마귀입니다.

마귀를 쫓아낼 수 있는 방법은 오직 한 가지입니다. 마귀보다 훨씬 큰 힘을 가지고 있는 분을 우리 속으로 모셔오면 됩니다. 그분이 바로 하나님입니다. 하나님을 믿고 예수님을 영접하면, 하나님이 우리 속으로 오십니다.

하나님이 우리 속에 오셔서 우리를 거처로 삼으시면, 자연스럽게 마귀는 방을 빼줘야 됩니다. 마귀가 결코 하나님을 이길 수 없기 때문에 마귀는 나가게 되어 있습니다. 마귀는 하나님과 함께할 수 없는 존재입니다. 하나님이 오면, 물러설 수밖에 없습니다.

하나님이 사람을 만든 원래 의도대로 이루어지면 모든 것이 좋습니다. 인간 속에 하나님이 들어오셔서 우리를 거처로 삼으시면 됩니다. 이것이 전부 하나님의 의도입니다. 우리는 하나님이 거하시는 "거처, 처소, 집, 그릇"입니다.

사도 바울은 마지막으로, 인간을 만드신 하나님의 의도를 설명할 때 "연합"이라는 말을 했습니다. 하나님이 사람 속에 들어와서 우리와 깊이 연합한다는 겁니다. 이것 또한 하나님의 의도입니다. 하나님이 인간을 창조하신 원리입니다.

하나님, 아니면 마귀

우리는 둘 중의 하나를 선택해야 됩니다. 하나님이 내 속에 들어오서서 나의 처소, 집, 그릇, 거처, 성전으로 삼아 주시고, 하나님이 나와 함께 연합해 주시도록 하나님을 초청할지, 아니면 하나님이 들어오는 걸 막고 하나님이 들어올 자리에 마귀가 들어가도록 할지 선택하라는 겁니다.

여러분은 어떤 것을 선택하시겠습니까? 하나님입니까? 마귀입니까? 다른 것은 없습니다. 여러분이 하나님도 마귀도 선택하지 않겠다고 하겠지만, 여러분 속에 하나님이 없으면 마귀는 반드시 들어갑니다. 하나님 없이 마귀가 들어오는 것을 막을 수 있는 힘이 여러분에게는 없습니다.

"나는 내 힘으로 충분히 마귀를 막을 수 있습니다."
"나는 나 자신을 믿습니다."

이런 착각을 하면 안 됩니다. 하나님이 없는 순간, 즉시 사탄 마귀가 여러분 속으로 침투합니다. 여러분이 모를 뿐입니다.

여러분 앞에 컵이 있습니다. 컵 안에는 아무 것도 없어 보이지만, 공기로 가득 차 있습니다. 여러분은 공기를 빼내기 위해서 손으로 아무리 잡아서 빼내어도 공기를 빼낼 수 없습니다. 입으로 불어도 공기로 가득 차 있습니다. 젓가락으로 찌르면 나옵니까? 어떻게 해야 빈 컵에 가득한 공기를 빼낼 수 있습니까?

공기를 나오게 하려면 물을 부어넣으면 됩니다. 빈 컵에 공기로 가득 차 있지만, 물이 들어가면서 공기는 자연스럽게 나가게 됩니다. 공기가 물에 의해서 밀려나오는 겁니다. 물을 넘치도록 부으면 컵에는 공기가 전혀 없습니다.

이렇게 우리 안에 성령으로 충만하면 사탄 마귀는 우리 안에 들어오지 못합니다. 틈이 없기 때문입니다. 성령이 내게 충만하면, 악령이 밀려 나가는 겁니다. 사탄이 밀려 나가는 겁니다. 여러분 안에 자리 잡은 마귀는 우리의 힘으로 내보내기 힘듭니다. 그 무엇으로 마귀를 내보내려 해도 쫓아내기 힘듭니다. 그런데 하나님이 들어오시면, 나갑니다. 성령이 충만하면, 마귀는 밀려나갑니다.

이처럼 하나님이 사람 속에 들어오는 것이 하나님의 인간 창조의 원리입니다. 하나님의 인간 창조의 원리를 따라 우리가 아멘으로 화답하면 됩니다.

"예수님, 내 속에 들어오세요."
"하나님, 나를 처소로 삼아주세요."
"하나님, 나를 성전으로 삼아주세요."
"예수님, 내 속에 들어오셔서 사탄 마귀를 내쫓아주세요."

하나님이 사람을 만들 때 "처소, 집, 그릇, 거처, 성전"으로 만드셨습니다. 하나님이 그렇게 사람을 만들었다는 겁니다.

여러분, 여러분이 거할 집을 만들어 놓고 곧 입주하려고 입주할 날짜를 잡았습니다. 집들이한다고 주변에 다 이야기했습니다. 그런데 입주하기 전에 동네 거지가 그 집에 들어가서 온통 집안을 난장판으로 해 놓은 겁니다. 불을 피우고 밥을 해먹고, 온갖 더럽고 역겨운 것들을 쌓아놓았습니다.

그러면, 여러분의 마음이 어떻겠습니까? 속이 뒤집어지겠죠? 내가 들어갈 깨끗한 집을 그렇게 해놓았는데, 그 동네 거지를 어떻게 하겠습니까? 몰아내겠죠? 그리고 그에 합당한 벌을 내리겠죠?

하나님이 그런 마음이라는 겁니다. 하나님이 거할 집을 만들어 놓고 그곳으로 들어가려고 하는데, 마귀가 그 자리를 차지하고 온갖 악한 생각과 행동을 더럽혀 놓는 겁니다. 인간이 마귀 때문에 무너져 버린 겁니다.

이것을 해결하기 위해서는 본래 주인인 예수 그리스도를 불러와야 합니다. 그분을 나의 주인으로 영접하고 예수 그리스도를 부르면, 그가 사탄 마귀를 몰아내고 원래의 상태로 되돌려 놓으십니다. 그리고 하나님이 사람을 만드신 창조의 원리대로 우리 속에 거하시는 겁니다.

> ## 기도
>
> "할렐루야, 두 손 높이 들고 창조주 하나님께 영광을 드립니다. 하나님, 내 속에 깊이 좌정하여 주셔서 영광을 일으켜 주옵소서. 예배를 일으켜 주옵소서. 증거를 일으켜 주옵소서. 나를 인도하여 주옵소서. 예수 그리스도의 이름으로 기도하옵나이다. 아멘."

04

바울 서신

데살로니가전서 5장 23절
²³평강의 하나님이 친히 너희로 온전히 거룩하게 하시고 또 너희 온 영과 혼과 몸이 우리 주 예수 그리스도 강림하실 때에 흠없게 보전되기를 원하노라

고린도전서 3장 16절
¹⁶너희가 하나님의 성전인 것과 하나님의 성령이 너희 안에 거하시는 것을 알지 못하느뇨

고린도후서 6장 16절
¹⁶하나님의 성전과 우상이 어찌 일치가 되리요 우리는 살아 계신 하나님의 성전이라 이와 같이 하나님께서 가라사대 내가 저희 가운데 거하며 두루 행하여 나는 저희 하나님이 되고 저희는 나의 백성이 되리라 하셨느니라

"인간 창조의 원리." 태초에 하나님이 인간을 창조하셨습니다. 하나님이 인간을 창조하실 때 어떻게 만들었는가 보니까, 흙을 재료로 사용했습니다. 흙으로 **"육체"**를 만들었습니다. 여러분과 저의 몸은 흙에서 온 겁니다. 그래서 사람이 죽으면 결국 흙으로 돌아가는 겁니다. 성경이 말씀하신 그대로입니다.

인간은 흙으로 만든 육체만 있는 게 아니고, 육체 속에 그 무엇이 분명히 살고 있습니다. 그것은 바로 **"영"**입니다. 하나님이 사람을 영적인 존재로 만드셨습니다. 그 코에 생기를 불어넣으셨습니다. 그것이 바로 영입니다.

육체와 영 사이에 또 **"혼"**이 있습니다. 구약성경이 다 그렇지만, 특별히 창세기에 나오는 모든 원리는 사도 바울에 의해서 그 의도가 다 드러나게 됩니다. 바울에 의해서 계시가 거의 완성되었다고 보면 됩니다.

영, 혼, 육체

하나님의 계시가 부채꼴로 형성되어 창세기부터 시작하여 쭉 확대되어 가다가 바울에 의해서 완성되어 갑니다.

데살로니가전서 5장 23절을 읽어봅시다.

"평강의 하나님이 친히 너희로 온전히 거룩하게 하시고 또 너희 온 영과 혼과 몸이 우리 주 예수 그리스도 강림하실 때에 흠 없게 보전되기를 원하노라"(살전 5:23).

사도 바울이 여기에서 **"영과 혼과 몸"**이 있다고 말합니다. 사람을 구성하는 세 가지를 말합니다. 간혹 인간을 몸과 영혼으로 이야기하는 경우가 있습니다. 영과 혼이 따로 있는 게 아니라, 영혼을 하나로 묶어서 봅니다. 그렇게 영혼과 육체 두 가지 요소로 구성되어 있다고 합니다. 하지만 그렇지 않습니다.

주로 육체와 영혼을 둘로 나누는 개념인 이분설의 출처는 미국의 유명한 신학자 중 한 사람인 미국 칼빈신학교의 루이스 벌코프라는 사람입니다. 그분은 이론을 이분설로 거의 정돈을 했고, 이 이론이 전 세계에 퍼져 있습니다.

그분의 책을 보면, 그분의 주장은 이렇게 돼 있습니다. 루이스 벌코프의 견해는 사도 바울이 그 당시에 공부를 할 때 헬라의 학문을 깊이 공부했기 때문에 헬라의 아리스토텔레스의 삼분법의 영향을 받았다는 겁니다. 삼분법의 영향으로 인간의 요소를 세 개로 쪼갰다는 주장입니다.

사도 바울이 데살로니가전서 5장 23절에서 인간을 세 개로 나누어 영과 혼과 육으로 되어 있다고 말하고 있습니다. 그런데 이것을 '아리스토텔레스의 철학적 영향이 바울 속에 들어가서 그렇게 썼을 뿐이다'라고 주장하는 루이스 벌코프의 의견은 모순에 가깝습니다.

왜냐하면, 다른 성경의 구절들은 온전한 계시를 주장하고 모든 성경은 하나님의 성령의 계시로 되어 있다고 하면서 왜 이 구절만 '아리스토텔레스의 영향을 받아서 썼다'라고 주장하는 것인지 모르겠습니다. 앞뒤가 맞지 않는 이런 주장이 그 자체가 틀린 겁니다.

사도 바울이 성경의 인간론을 다룰 때, "영과 혼과 육체"로 나누어 말했습니다. 데살로니가전서 5장 23절을 말하기 전에 사도 바울은 고린도전서나 또 다른 서신에서도 여러 번 이 말을 했습니다.

고린도전서 3장 16절을 읽어봅시다.

"너희가 하나님의 성전인 것과 하나님의 성령이 너희 안에 거하시는 것을 알지 못하느뇨"(고전 3:16).

너희 안에 하나님의 성전인 것을 알라고 했습니다. 사도 바울은 우리 인간을 성전 개념으로 봤다는 겁니다. 인간의 구조를 성전으로 본 것은 그 뿌리가 성막으로 거슬러 올라갑니다. 그리고 성막은 노아의 방주로부터 온 겁니다.

노아의 방주는 상중하로 모두 3층입니다. 성막도 3단계로 되어 있습니다. "마당, 성소, 지성소"입니다. 이것은 '인간 구조의 대한 계시다'라는 겁니다. 앞으로 더 나아가면 이것이 성전으로 발전해서 결국은 인간 구조로 설명하게 되는데, 사도 바울이 아리스토텔레스의 삼분법의 영향을 받아서 사람을 세 개로 쪼갠 것이 아닙니다. 하나님의 설계도에 따라서 방주, 성막, 성전의 구조를 보니까, 이것이 사람은 세 가지로 되어 있다는 겁니다.

그전으로 돌아가서 에덴동산까지 가면 하나님의 삼위일체를 볼 수 있습니다. 삼위일체이신 하나님이 하나님의 형상대로 사람을 만드셨으니까, 사람도 "영과 혼과 육체", 세 가지 요소로 되어 있다는 겁니다.

그러니까 사람을 자꾸 두 개로 나누려고 하는 것은 억지입니다. 만약에 사람을 자꾸 두 개로 나누기를 원하는 사람은 그냥 영과 혼을 하나로 묶어서 영혼, 그리고 육체를 말합니다. 이건 짐승도 다르지 않습니다. 인간과 짐승을 구별할 수 있는 게 없습니다. 짐승도 육체가 있고, 정신이 있습니다. 하지만 짐승은 인간이 가지고 있는 영은 없습니다.

만약에 사람을 계속해서 영과 혼, 그리고 육체로 나누지 않고 혼과 육체로만 나누면 인간과 짐승을 구별할 만한 이유가 없는 겁니다. 인간과 짐승이 똑같단 말입니다. 하지만 여러분도 잘 알다시피 사람과 짐승은 다릅니다.

사람은 육체도 있고, 정신도 있고, 짐승이 없는 영이 있다는 걸 알아야 됩니다. 꼭 기억하기를 바랍니다. **"사람 속에는 영이 있다."**

양심

짐승에는 영이 있습니까? 없습니까? 없습니다. 짐승은 영이 없기 때문에 짐승 속에는 영적 기능이 전혀 안 나타납니다. 영의 존재를 우리에게 보여주는 것을 **"양심"**이라 그럽니다. 양심은 영으로부터 나오는 현상입니다. 이 양심의 뿌리를 둔 것이 도덕, 법, 윤리입니다.

윤리와 도덕과 법이라고 하는 것은 인간의 양심에 근거를 두고 나온 겁니다. 그러나 동물들에게는 윤리가 없습니다. 법도 없습니다. 여러분, 개들이 헌법을 가지고 있는 거 보셨습니까? 짐승은 이런 것들을 만들 능력이 없습니다. 그 이유는 계속 이야기하지만, 영이 없기 때문입니다. 육체와 정신만 있기 때문입니다.

그런데, 자꾸 사람을 두 가지 요소, 영혼과 육체로 말하는데, 그건 "나는 짐승이야" 하고 말하는 것과 같은 겁니다.

"영과 혼과 육체"가 사람에 있는 겁니다. 사람에게 영이 있다는 사실을 잊으면 안 됩니다. 영은 따로 있는 겁니다. 그래서 이것을 나무로 말하면, 영은 뿌리와 같습니다. 혼은 기둥과 같습니다. 그 다음에 육체는 숲과 같습니다.

그래서 우리 눈에 제일 크게 보이는 것이 먼저 숲인 육체이고, 그 다음에 기둥인 혼입니다. 이건 사람의 정신과 같습니다. 정신이 빠져나가면 사람의 육체가 죽은 것처럼 됩니다. 나무의 기둥을 자르면, 그 위에 잎이 다 죽는 것처럼 말입니다.

그렇지만 땅 속의 밑에 숨어 있는 뿌리는 보이지 않지만, 계속 살아있습니다. 인간도 마찬가지입니다. 인간 속에 있는 영은 보이지 않지만, 뿌리처럼 존재한다는 말입니다. 이들이 서로 다른 것은, 그것들이 생겨난 원인과 하나님이 사용한 재료가 각각 다르기 때문입니다.

육체는 흙에서 왔기 때문에 죽으면 그것은 흙으로 돌아갑니다. 영은 육체로부터 빠져나와서 두 가지 갈림길에 섭니다. 하나는 천국으로 향하는 길이고, 다른 하나는 지옥으로 향하는 길입니다.

지옥을 이야기하면, 사람들은 협박하는 단어로 생각합니다. 그런데 그렇게 생각하면 안 됩니다. 여러분, 천국과 지옥은 있습니다. 만약 천국과 지옥이 없다면, 우리가 지금 예수님을 믿고 신앙생활을 하고 있는 게 억울한 일입니다. 우리가 예수를 왜 믿습니까? 구원받고 하나님 나라에 거하기 위한 겁니다.

영은 절대 없어지지 않습니다. 그리고 우리가 교회를 다니는 이유는 우리의 영혼 구원 때문입니다. 구원을 받는 것이 우리에게 중요한 겁니다. '착하게 살아라, 선하게 살아라' 하는 것은 부차적인 겁니다. 우리가 예수님을 믿는 것은 영이 구원받아 하나님 나라, 천국에 가는 겁니다.

인간은 세 가지, "영과 혼과 육체"로 되어 있습니다. 제가 계속 이 부분을 이야기함에도 불구하고 이걸 받아들이지 못하는 분들도 있을 겁니다. 우리의 삶에서 확실히 확인할 수 있는 것이 육체와 정신입니다. 이건 확실히 확인이 되니까, 영이 있는지 없는지만 살펴보면 됩니다.

영의 기능

영은 확실히 우리의 삶에서 확인이 어렵습니다. 어떤 때는 있는 것 같기도 하고, 어떤 때는 없는 것 같기도 합니다. 교회에 오면 확실히 영이 있는 것 같은데, 예배를 마치고 집에 가면 없는 것 같습니다.

그 이유를 성경은 이렇게 말합니다. 영이 하나님 앞에 범죄함으로 영의 기능이 죽었다고 말합니다. 사람이 신경이 죽으면 감각이 없어지는 것처럼 그 기능을 잃어버리는 겁니다. '신경이 죽었다' 하는 것은 신경줄이 없어진다는 게 아니고 신경의 기능이 죽었을 때 신경은 죽었다고 합니다.

 몸이 아프고 다리가 말을 안 들으면, 의사 선생님들이 진료실에서 여러 가지 진료를 합니다. 다리를 오므리라고 하고, 손으로 짚어보기도 합니다. 고무로 된 망치로 톡톡 치기도 합니다. 의사의 진찰에 반응을 하면 신경이 살아있다고 하지만, 반응이 없으면 신경이 죽었다고 합니다.

 이와 같이 인간의 영이 반응하지 않는 것을 성경에서 말하기를 영이 죽었다는 겁니다. 죽은 영이 언제 사느냐? 예수 그리스도를 영접하면, 하나님의 성령이 말씀을 가지고 들어가서 인간의 죽은 영이 삽니다. 이걸 우리는 '구원을 받는다'라고 합니다. '성령으로 거듭난다'라고 합니다. '하나님의 자녀가 된다'라고 그럽니다.

 교회를 다녀도 예수 그리스도가 성령으로 들어가서 나의 죽은 영을 살리지 않으면 교회를 동해물과 백두산이 마르고 닳도록 다녀도 그 사람은 죽으면 지옥으로 갑니다. 교회를 다니고도 지옥 갈 사람은 수도 없이 많습니다. 왜 그렇습니까? 성령으로 거듭나지 않아서 죽은 영이 안 살았기 때문입니다. 죽은 영이 예수 그리스도를 영접함으로 살아야 됩니다.

 "내 영아, 살아나라."

 여러분 속에 있는 영이 살아나야 된다는 겁니다. 살아나면 그때부터 영이 존재한다는 것이 확실히 드러납니다.

어떻게 영이 드러나느냐? 사람의 영이 죽었다가 딱 살아나면, "아하~ 내 영이 죽었다가 살았구나" 하는 영에 대한 감각을 느끼게 됩니다. 그때부터 사람이 영적 존재가 됩니다.

여러분, 육적 사람이나 혼적 사람이 되지 말고, 영의 사람이 되길 바랍니다. 하나님의 성령이 내 속에 들어오셔서 죽은 나의 영을 살려주셔야 영의 사람이 됩니다. 예수님이 이 땅 계실 때 멀쩡히 살아서 걸어 다니는 사람을 보고 이렇게 말할 때가 있었습니다.

"죽은 사람이다."

제자들이 그때 이 말을 이해하지 못 했습니다.

"다 살아있는 사람을 왜 죽은 사람이라 그럴까?"

마태복음 23장 27절을 읽어봅시다.

"화 있을찐저 외식하는 서기관들과 바리새인들이여 회칠한 무덤 같으니 겉으로는 아름답게 보이나 그 안에는 죽은 사람의 뼈와 모든 더러운 것이 가득하도다"(마 23:27).

예수님께서 외식하는 서기관들과 바리새인들을 향해서 육과 혼이 죽었다는 게 아니라, 영이 죽은 걸 보고 말씀하신 겁니다. 예수님은 걸어 다니는 사람을 보고도 죽은 사람이라고 말씀한 겁니다. 영이 죽었기 때문에, 죽었다고 말하는 겁니다.

모든 것이 달라지는 삶

죽은 영이 살아나면 그때부터 그 사람이 하는 모든 것이 다 달라집니다. 영의 사람이 됩니다. 영의 삶을 살아갑니다.

먼저, '예배'를 드릴 때 영이 죽은 사람과 영이 죽었다가 살아난 사람은 뭐가 다를까? 영이 죽은 사람은 "육의 예배", "정신의 예배"를 드립니다. 그런데 영이 살아난 사람은 "영의 예배"를 드립니다.

요한복음 4장 24절을 읽어봅시다.

"하나님은 영이시니 예배하는 자가 신령과 진정으로 예배할찌니라"(요 4:24).

교회에서 우리가 예배를 드릴 때 그냥 드리면 안 됩니다. 신령과 진정으로 영의 예배를 드려야 됩니다.

'너희는 신령과 진정으로 하나님께 접근하라. 그래야 하나님이 만나주시니라.'

하나님이 사람을 만나는 예배의 통로를 신령과 진정의 통로로 오라고 말씀하셨는데, 인간들이 자꾸 자기의 생각대로 자신이 만든 통로로 가서 예배를 드린단 말입니다. 혼으로, 육으로 예배를 드리는 것은 하나님께 상달이 안 되는 겁니다. 하나님께 상달되는 예배는 영적으로 드리는 예배입니다. 그럼, 영적 예배는 뭐냐? 영적 예배는 성령이 도와주는 예배입니다.

"기도"도 마찬가지입니다. 기도라고 다 같은 기도가 아닙니다. 영의 기도가 있고, 혼(마음)의 기도가 있고, 육의 기도가 있습니다. 우리는 하나님 앞에 기도를 해도 신령한 기도를 해야 됩니다. 영의 기도는 신령한 기도입니다. 바로 성령이 도와주는 기도입니다. 여러분, 우리가 기도할 때에도 신령과 진정으로, 성령이 도와주는 기도를 드려야 합니다.

죄

죄의 문제에 대해서 이야기하려고 합니다. 사람은 세 가지 요소로 구성되어 있는데, 인간이 죄를 범하는 것도 세 가지로 나누어집니다. **"영의 죄"**, **"마음의 죄"**, **"육체의 죄"**입니다. 죄도 세 부분이 따로 범하는 겁니다.

육체의 죄는 여러분이 대부분 알고 있는 죄입니다. 싸우거나 남들을 때리는 겁니다. 음란하고 도둑질하는 것들이 전부 육체의 죄입니다. 마음의 죄는 사람을 미워하거나 화를 내거나 신경질을 내는 겁니다. 육체의 죄나 마음의 죄는 윤리적인 죄입니다.

마지막으로 영의 죄는 하나님과의 관계의 죄입니다. 죄 자체가 육체의 죄와 마음의 죄와는 다릅니다. 우리가 여기서 잘 아셔야 될 것이 있습니다. 우리가 예수를 믿고 구원을 받아 성령으로 거듭나서 하나님 나라에 갑니다. 그럼에도 구원받은 성도들도 죄를 범합니다.

사도 바울도 예수를 믿은 후에도 죄를 범했습니다. 사도 바울이 성령을 받고 사도가 되어 소아시아 지방을 돌아다니며 하나님의 말씀을 전했습니다. 예수님을 전했습니다. 그렇게 성령이 충만한 사도 바울도 바나바와 심히 다투었습니다.

사도행전 15장 36-41절을 읽어봅시다.

"수일 후에 바울이 바나바더러 말하되 우리가 주의 말씀을 전한 각 성으로 다시 가서 형제들이 어떠한가 방문하자 하니 바나바는 마가라 하는 요한도 데리고 가고자 하나 바울은 밤빌리아에서 자기들을 떠나 한가지로 일하러 가지 아니한 자를 데리고 가는 것이 옳지 않다 하여 서로 심히 다투어 피차 갈라 서니 바나바는 마가를 데리고 배 타고 구브로로 가고 바울은 실라를 택한 후에 형제들에게 주의 은혜에 부탁함을 받고 떠나 수리아와 길리기아로 다녀가며 교회들을 굳게 하니라"(행 15:36-41).

2차 전도를 떠나면서 동행자에 대한 의견대립으로 싸운 겁니다. 1차 전도 여행에 함께했던 마가가 중간에 떠나간 것을 바울이 옳지 않게 생각했습니다.

사도행전 13장 1-14절을 읽어봅시다.

"안디옥 교회에 선지자들과 교사들이 있으니 곧 바나바와 니게르라 하는 시므온과 구레네 사람 루기오와 분봉왕 헤롯의 젖동생 마나엔과 및 사울이라 주를 섬겨 금식할 때에 성령이 가라사대 내가 불러 시키는 일을 위하여 바나바와 사울을 따로 세우라 하시니 이에 금식하며 기도하고 두 사람에게 안수하여 보내니라 두 사람이 성령의 보내심을 받아 실루기아에 내려가 거기서 배 타고 구브로에 가서 살라미에 이르러 하나님의 말씀을 유대인의 여러 회당에서 전할쌔 요한을 수종자로 두었더라 온 섬 가운데로 지나서 바보에 이르러 나예수라 하는 유대인 거짓 선지자 박수를 만나니 그가 총독 서기오 바울과 함께 있으니 서기오 바울은 지혜 있는 사람이라 바나바와 사울을 불러 하나님 말씀을 듣고자 하더라 이 박수 엘루마는(이 이름을 번역하면 박수라) 저희를 대적하여 총독으로 믿지 못하게 힘쓰니 바울이라고 하는 사울이 성령이 충만하여 그를 주목하고 가로되 모든 궤계와 악행이 가득한 자요 마귀의 자식이요 모든 의의 원수여 주의 바른 길을 굽게 하기를 그치지 아니하겠느냐 보라 이제 주의 손이 네 위에 있으니 네가 소경이 되어 얼마 동안 해를 보지 못하리라 하니 즉시 안개와 어두움이 그를 덮어 인도할 사람을 두루 구하는지라 이에 총독이 그렇게 된 것을 보고 믿으며 주의 가르치심을 기이히 여기니라 바울과 및 동행하는 사람들이 바보에서 배 타고 밤빌리아에 있는 버가에 이르니 요한은 저희에게서 떠나 예루살렘으로 돌아가고 저희는 버가로부터 지나 비시디아 안디옥에 이르러 안식일에 회당에 들어가 앉으니라"(행 13:1-14).

안디옥 교회에서 성령이 바나바와 사울을 따로 세우라는 인도하심에 안디옥 교회에서 두 사람에게 안수하여 보냈습니다. 여기에서 말하는 사울이 바울입니다. 이게 바울의 전도여행의 시작입니다.

바나바와 바울이 안디옥 교회를 떠나 실루기아에 내려가서 배를 타고 구브로에 갔습니다. 그리고 살라미에 도착해서 하나님의 말씀을 유대인의 여러 회당에서 전했습니다. 그때 요한을 수종자로 두었습니다. 여기서 요한이 마가라 하는 요한입니다.

바나바와 바울은 하나님의 말씀을 전했습니다. 그리고 다음 행선지를 향해 갔습니다. 사도행전 13장 13-14절을 다시 한 번 읽어 봅시다.

"바울과 및 동행하는 사람들이 바보에서 배 타고 밤빌리아에 있는 버가에 이르니 요한은 저희에게서 떠나 예루살렘으로 돌아가고 저희는 버가로부터 지나 비시디아 안디옥에 이르러 안식일에 회당에 들어가 앉으니라"(행 13:13-14).

바울과 동행하는 사람들이 바보에서 배를 타고 밤빌리아에 있는 버가에 도착했습니다. 그런데 여기서 문제가 생깁니다. 버가에서 마가라 하는 요한이 이들을 떠나서 예루살렘으로 돌아갑니다. 요한이 왜 이들에게서 이탈해서 예루살렘으로 돌아갔는지 성경에는 기록되지 않았습니다.

아무튼 이 일 때문에 바울과 바나바는 2차 전도여행을 떠나기 전에 의견충돌이 일어납니다. 바나바는 마가라 하는 요한을 데리고 가자고 했고, 바울은 그것을 거절했습니다. 성경에서 이것으로 심히 다투어 결국 바나바는 마가를 데리고 구르보로 가고, 바울은 실라를 데리고 수리아와 길리기아로 갑니다.

이후에 어떤 계기가 있었는지 모르지만, 바울은 마가를 귀한 동역자로 여깁니다.

골로새서 4장 10절을 읽어봅시다.

"나와 함께 갇힌 아리스다고와 바나바의 생질 마가와 (이 마가에 대하여 너희가 명을 받았으매 그가 이르거든 영접하라)"(골 4:10).

여기서 생질이란 누이의 아들이란 뜻입니다. 조카란 말입니다. 마가를 가족으로 여긴 겁니다.

디모데후서 4장 11절을 읽어봅시다.

"누가만 나와 함께 있느니라 네가 올 때에 마가를 데리고 오라 저가 나의 일에 유익하니라"(딤후 4:11).

디모데후서는 바울이 감옥에 갇힌 상태에서 디모데에게 쓴 편지인데, 디모데에게 마가를 데리고 오라고 합니다. 그리고 마가가 나의 일에 유익하다고 말합니다. 바울은 마가를 향해 동역자라는 말을 합니다.

빌레몬서 1장 24절을 읽어봅시다.

"또한 나의 동역자 마가, 아리스다고, 데마, 누가가 문안하느니라"(몬 1:24).

바울이 2차 전도 여행을 시작할 때 동행하기를 거부했었는데, 바울이 마가를 향해 나의 동역자라고 말합니다.

나중에 이런 귀한 사역들을 바울과 마가가 함께하지만, 어찌 되었든 마가 때문에 바울과 바나바는 심하게 싸웁니다. 이렇게 성령으로 가득하고, 예수 그리스도를 전하며 교회를 세웠던 사도 바울과 바나바도 싸우고 갈라서는 죄를 범했습니다. 우리 구원받은 성도들도 이렇게 죄를 범합니다.

그러나 사도 바울도 그렇고 구원받은 성도들도 그렇게 예수를 믿고 죄를 짓는 사람과 예수를 믿지 않는 사람이 죄를 짓는 사람은 다릅니다. 예수를 믿기 전에 죄를 짓는 사람은 죄를 지을 때 세 가지가 다 동원됩니다.

예수 믿기 전에는 "영의 죄, 마음의 죄, 육체의 죄" 이 세 가지가 다 동원돼서 죄를 짓습니다.

그런데 예수를 믿고 구원을 받은 사람은 영이 죽었다가 살아나서 죄를 지어도 영의 죄에는 참여하지 않는다는 겁니다. 다시 말해서, 영은 죄를 안 짓는다는 겁니다.

영의 죄와 구원

예수를 믿고 구원을 받은 사람은 죽은 영이 살아납니다. 육체와 마음이 죄를 지어도 인간 속의 깊은 심층부 안에 있는 영은 죄를 안 진다라고 성경이 기록되어 있습니다.

요한일서 3장 8-9절을 읽어봅시다.

"죄를 짓는 자는 마귀에게 속하나니 마귀는 처음부터 범죄함이니라 하나님의 아들이 나타나신 것은 마귀의 일을 멸하려 하심이니라 하나님께로서 난 자마다 죄를 짓지 아니하나니 이는 하나님의 씨가 그의 속에 거함이요 저도 범죄치 못하는 것은 하나님께로서 났음이라"(요일 3:8-9).

이 말씀을 잘 해석을 해야 됩니다. "하나님께로서 난 자마다"라고 이야기했는데, '하나님께로서 났다'는 것은 성령으로 거듭났다는 겁니다.

여러분, 성령으로 거듭나셨습니까? 하나님께로 났습니까? 여러분이 성령으로 거듭나고, 하나님께로 났다면 죄를 범하지 않는다는 겁니다.

그럼, 제가 여러분에게 묻겠습니다.

"여러분, 죄를 짓습니까? 안 짓습니까?"

하나님께로 난 자마다 죄를 짓지 않는다고 했으니까, 여러분은 죄를 범하지 않는다고 했습니다. 그런데 정말 여러분 죄를 범하지 않습니까?

우리는 매일 삶에서 죄를 범합니다. 죄를 범하지 않는 사람은 없습니다. 그럼, 성경에서 이야기하는 "하나님께로서 난 자마다 죄를 짓지 않는다"는 것은 무슨 말입니까?

다시 한 번 요한일서 3장 9절을 읽어봅시다.

"하나님께로서 난 자마다 죄를 짓지 아니하나니 이는 하나님의 씨가 그의 속에 거함이요 저도 범죄치 못하는 것은 하나님께로서 났음이라"(요일 3:9).

하나님께로서 난 자마다 죄를 짓지 아니하나니 이는 하나님의 무엇이 그 속에 거한다고 했습니까? 네, 맞습니다. **"하나님의 씨"** 가 그 속에 거한다고 했습니다.

'하나님께로서 난자마다 죄를 안 짓는다'는 것은 육이 죄를 안 짓는다는 것이 아닙니다. 마음이 죄를 짓지 않는다는 것이 아닙니다. 그 속에 있는 씨, 하나님의 씨가 죄를 짓지 않는다는 겁니다.

그럼 여기서 말하는 하나님의 씨가 뭐냐? 구원받은 씨입니다. 이게 바로 **"영"**이란 말입니다. '영은 죄를 짓지 않는다'라는 겁니다.

그러니까 예수를 믿는 사람이 죄를 져도 천국에 가는 것은 영은 죄를 짓지 않기 때문입니다. 예수 믿는 사람은 그 속에 있는 영은 죄를 짓지 않는다는 걸 기억하기 바랍니다.

제가 예를 들어보겠습니다. 예수를 믿기 전에는 죄를 범해도 아무 거리낌이 없습니다. 화를 내거나 부부간에 싸움을 하거나 무슨 죄를 범해도 아무런 거리낌이 없습니다. 그런데 예수를 믿고 구원을 받은 후에는 죄를 지을 때마다 어떤 마음이 듭니까?

싸움을 하다가도 마음에 찔림이 있습니다. 화를 내고나서도 뭔가 찔림이 있습니다. 내 안에 다른 뭔가가 자꾸 나를 불편하게 합니다. 이게 뭐냐? 바로 예수를 믿는 사람에게만 있는 겁니다.

"야, 너 주일에 가서 예배하려면, 똥줄 타게 회개하려면 힘들 걸?"

예수를 믿기 전에는 죄를 지을 때 불편함이 없었는데, 예수를 믿고 나서는 죄를 짓고나면 마음이 불편하다는 겁니다. 마음속에 성령이 그걸 불편하게 하는 겁니다. 예수를 믿는 사람의 마음속에 성령이 계셔서 죄를 지으려고 하면 거기에 반대하는 겁니다. 그러니까 불편하다는 겁니다. 이게 바로 거듭났다는 증거입니다. 성령이 여러분의 마음속에 계시다는 증거입니다.

죄는 예수님을 믿는 사람이나 믿지 않는 사람이 똑같이 범해도 성령으로 거듭난 사람은 그 죄가 재미가 없고, 마음에 불편함을 준다는 겁니다.

"그러면 안 되는데. 그러면 너 주일날 예배를 드리려면 힘들어. 그거 회개하려면 3일 금식해야 돼."

이렇게 마음속에서 고통이 온다는 겁니다. 이게 바로 구원받은 증거입니다.

예수님의 성령으로 거듭난 사람은 죄에 참여할 때마다 하나님께 회개를 합니다. 죄가 잘못됐다는 것을 아는 겁니다. 거듭한 후에 죄를 범하지 않기 위해서 노력하지만, 그게 쉬운 일이 아닙니다. 그래서 죄를 범할 때마다 하나님께 회개를 합니다.

그런데 예수를 믿지 않는 사람은 회개가 없습니다. 회개를 안 합니다. 죄를 범하지만, 절대 회개를 하지 않습니다. 왜냐하면, 자신이 죄를 범했다고 생각하지 않기 때문입니다. 회개는 구원받은 사람만이 할 수 있는 겁니다.

그러니까 죄를 범한다, 범하지 않는다는 문제가 아닙니다. 죄를 범하는데 육체의 죄와 마음의 죄까지만 범한다는 겁니다. 영은 죄를 범하지 않는다는 겁니다. 영의 구원을 받은 사람은 회개하기 때문입니다. 회개할 수밖에 없도록 마음을 불편하게 합니다. 마음속에 있는 성령이 빨리 회개하여 영이 깨끗해지기 원합니다.

영이 좀 민감하고 건강한 사람은, 영이 살아있는 사람은 회개를 빨리합니다. 하루 안에 회개를 한단 말입니다. 그날 해가 지기 전에 생각나는 대로 회개를 합니다. 그런데 영이 둔하고 멍한 사람은 영적인 찔림이 없거나 민감하지 않기 때문에 회개해야 한다는 걸 생각하지 못합니다. 그래서 회개하지 못합니다. 한 달이 갑니다. 그래도 회개를 하기는 합니다. 영이 없는 것이 아니기 때문입니다.

"형제여, 자매여, 내가 잘못했습니다."

이런 말이 우리 안에서 나와야 합니다. 그런데 이런 말을 교회에 안 다니는 사람들은 못합니다. 교회에 다니는 사람들이 죄의 문제를 빨리 해결하는 겁니다. 이게 바로 여러분 속에 있는 죽은 영이 다시 살았다는 증거입니다.

사도 바울이 고린도 교인들에게 이런 말을 했습니다.

고린도전서 5장 1-5절을 읽어봅시다.

"너희 중에 심지어 음행이 있다 함을 들으니 이런 음행은 이방인 중에라도 없는 것이라 누가 그 아비의 아내를 취하였다 하는도다 그리하고도 너희가 오히려 교만하여져서 어찌하여 통한히 여기지 아니하고 그 일 행한 자를 너희 중에서 물리치지 아니하였느냐 내가 실로 몸으로는 떠나 있으나 영으로는 함께 있어서 거기 있는 것같이 이 일 행한 자를 이미 판단하였노라 주 예수의 이름으로 너희가 내 영과 함께 모여서 우리 주 예수의 능력으로 이런 자를 사단에게 내어주었으니 이는 육신은 멸하고 영은 주 예수의 날에 구원 얻게 하려 함이라"(고전 5:1-5).

사도 바울이 고린도 교인들에게 이렇게 이야기한 것은 고린도 교회에서 이런 일이 생겼다는 겁니다. 너희 중에 어떤 죄를 지은 사람이 있는데, 자기 아버지의 아내와 간음죄를 지은 일이 일어났다는 겁니다. 아버지의 아내니까 엄마하고 둘이 간음죄를 졌다는 겁니다.

여러분 생각해봅시다. 엄마하고 간음죄를 지은 사람은 천국에 가겠습니까? 아니면 지옥에 가겠습니까? 당연히 지옥 가지 않겠습니까? 그런데 사도 바울이 한 번 구원을 받은 영혼의 중요성을 이야기합니다. 이렇게 사도 바울이 극단적 예를 들어서 자기 아비의 아내를 취하여 데리고 산 그 사람에 대해서 그 사람이 예수 믿고 구원받은 사람이라면, 그의 육체는 사단에게 내어주고, 그의 영혼은 구원의 날에 그리스도의 날에 구원해 주신다고 말합니다.

다시 4-5절의 말씀을 읽어봅시다.

"주 예수의 이름으로 너희가 내 영과 함께 모여서 우리 주 예수의 능력으로 이런 자를 사단에게 내어주었으니 이는 육신은 멸하고 영은 주 예수의 날에 구원 얻게 하려 함이라"(고전 5:4-5).

인간 영혼의 구원이 얼마나 큰지 알아야 합니다. 한번 구원을 받은 영혼은 거의 죄를 짓지 않습니다. 육체가 죄를 짓고, 마음이 죄를 지어도 그의 영은 죄를 범하지 않는다는 겁니다. 그래서 그는 나중에 구원받는다고 사도 바울이 설명하고 있는 겁니다. 그렇다고 해서 죄를 마음껏 범하라는 말이 아닙니다.

"아하~ 엄마하고 간음죄를 지어도 구원은 받는구나. 한번 구원을 받은 사람은 구원을 잃지는 않는구나. 그러니 지금부터 죄를 마음껏 짓자."

이렇게 할 수 없는 것은 그 사람은 육체의 죽음이 왔다는 겁니다. 다시 말해서, '내가 그의 육체는 사단에게 내어주고'라고 말한 것은 바울이 '그를 내가 사단에게 내어주노라'라고 말한 즉시, 그가 죽어버린 겁니다. 육체의 저주와 징계가 왔다는 겁니다. 그러니까 우리가 죄를 범해도 영은 죄를 짓지 않으므로 구원을 받은 사람은 구원을 잃어버리기가 힘듭니다.

그 이유는 구원이 우리의 노력으로 얻어지는 것이 아니기 때문입니다. 구원은 내가 강할 때 생기고, 약할 때 없어지는 것이 아닙니다. 구원은 하나님의 주권으로 되는 겁니다. 하나님의 주권으로 우리가 예수 그리스도를 우리의 구세주로 고백할 때 주시는 겁니다. 하나님의 주권으로 주시는 구원이기 때문에 인간으로 인해서, 마귀로 인해서 구원이 취소되지 않습니다. 하나님의 주권으로 부어진 구원은 하나님의 주권에 의하여 이 구원이 지켜지는 겁니다.

만약에 구원을 받은 영혼이 다시 죄를 범해서 지옥에 가는 일이 있다면 하나님이 마귀한테 지는 것이 됩니다. 하나님이 사탄으로부터 우리의 영혼을 구원시켜 주셨는데, 다시 마귀가 뒤흔들어서 구원을 잃었다고 하면 하나님이 마귀만도 못한 것이 되지 않겠습니까? 구원을 마귀에게 뺏겨버리니까 말입니다. 그러니까 구원을 받은 사람을 하나님이 지키십니다. 하나님은 마귀보다 강하시고, 우리보다 강하시기 때문입니다.

이렇게 예수 그리스도를 믿고 구원을 받는 게 중요한 겁니다. 아멘. 일반적 상식과 사람의 보편적 지식으로는 성경을 이해할 수 없습니다. 성경이 말하는 것은 우리의 상식을 가지고 측량할 길이 없습니다.

여러분, 다시 한 번 이야기합니다. 구원은 인간의 의지가 아니라 하나님의 주권으로 되는 겁니다. 그렇기 때문에 구원을 지키는 것도 사람의 의지로 지키는 게 아니라, 하나님의 주권으로 지켜지는 겁니다. 구원이 하나님 나라까지 도달하는 것도 인간의 의지로 되는 것이 아니고 하나님의 주권으로 되는 겁니다.

하나님의 주권에 의하여 여러분에게 구원이 임한 겁니다. 우리가 잘나서 구원받은 게 아니고, 내가 뭐 대단한 착한 일을 해서 구원받은 것이 아닙니다. 전적으로 하나님의 주권적 은혜로 구원이 이루어졌기 때문에 하나님은 그 구원을 누구에게도 빼앗기지 않습니다. 아멘.

그러니까 여러분, 우리가 '구원을 받은 하나님의 자녀가 된 것'을 생각하고 항상 하나님께 감사를 해야 합니다. 구원의 감격이 우리 안에 있기 때문에 감사의 고백이 우리의 삶에서 넘쳐 흘러야 하는 겁니다.

성령이 사람 속에 들어오셔서 죽은 영혼을 생명의 보자기에 싼다고 그랬습니다. 그러면 죽은 영혼이 살아나는 겁니다. 하나님이 생명 보자기에다가 내 영을 딱 싸놓았기 때문에 외부의 어떠한 죄의 바이러스가 내 영에 침투해도 퍼트리지 못합니다. 소멸됩니다. 내가 육체의 죄를 지을 수 있어도, 마음의 죄를 지을 수 있어도, 내 속에 있는 영은 내가 죄를 짓고 싶어도 죄가 안 되는 겁니다. 성령이 거부 반응을 일으키기 때문입니다. 성령이 나를 딱 싸고 있기 때문입니다.

육체의 죄와 마음의 죄는 회개함으로 다시 정결하게 됩니다. 우리의 구원과는 관계가 없는 겁니다. **"구원과는 관계가 없다."** 그렇다고 해서 죄를 지어도 된다는 것은 아닙니다. 죄를 범하지 않기 위해서 끊임없이 노력해야 합니다.

우리의 눈으로 바라보는 세계와 보이지 않지만 존재하는 영의 세계는 하늘과 땅의 차이입니다. 영의 세계에 들어가면, 마음(정신)의 세계, 육체의 세계는 우스운 겁니다. 영의 세계에 깊이 들어가야 됩니다.

우리의 영이 구원을 받고 하나님의 자녀가 되고 영의 세계에 들어가면, 자기 육체의 세계를 하나님께 내어놓습니다. 순교의 제물을 기쁨으로 내놓습니다. 육체의 세계, 마음의 세계보다 영의 세계가 중요하기 때문입니다.

영의 세계가 열릴 때만이 가능한 겁니다. 성령이 열어줄 때 가능한 겁니다. 인간 창조의 원리를 우리가 제대로 알고 받아들이

기 위해서는 성령이 우리의 눈을 열어줄 때 가능합니다.

"성령이여, 열어주세요."

이런 고백이 여러분들의 입술을 통해 나오기를 바랍니다. 마귀는 여러분에게 끊임없이 이야기할 겁니다.

"너는 아직도 성령으로 거듭 못났어. 너는 지금 죽으면, 천당 못 가."
"네 속에는 성령이 아직 없어."
"너는 계속 죄를 범하잖아. 너 죄짓는 걸 보니까, 네 속엔 성령이 없는 거야."

이렇게 자꾸 마귀가 유혹을 해도 여러분 안에 성령이 들어와 있다면, 마귀의 유혹을 이길 수 있습니다. 성령이 사람 속에 들어와 있는 사람은 이런 유혹에 가장 민감하게 반응하여 여러분이 입에서 '주여' 하고 나옵니다.

'주여'는 사람의 말이 아니라 성령의 말입니다. 성령이 주님을 찾는 겁니다. 주님께 나의 모든 것을 맡겨놓는 겁니다. 성령이 자연스럽게 "예수 그리스도가 성령으로 잉태하심", "예수가 나를 위하여 고난당하심", "예수가 나를 위하여 죽으심", "예수가 나를 위해서 부활하심", "예수가 나를 위해서 승천하심", "예수가 나를 위해서 재림하심", "예수가 나를 위해서 이 땅에 하나님의 나라를 이루심"을 믿게 하는 겁니다. 이것이 그냥 자연적으로 인정이 되는 겁니다.

인간 창조의 원리는 창세기에서 시작하여 노아의 방주, 성막, 성전, 그리고 바울 서신으로 이어집니다. 하나님께서 사람을 육, 혼, 영으로 만드시고 그 안에서 거하시며 함께하시길 원하십니다. 이것이 우리 안에 이루어질 때 비로소 하나님의 인간 창조의 원리가 완성되는 겁니다.

> **기도**
>
> "주님, 나도 영의 사람이 되기를 원합니다. 예수의 사람이 되길 원합니다. 주님을 만나길 원합니다. 예수님이 내 속에 들어오시옵소서. 예수님의 이름으로 기도하옵나이다. 아멘."

전광훈 목사 설교 시리즈 Light 07
인간 창조의 원리

초판 발행 2025년 5월 30일

지은이 전광훈
펴낸곳 주식회사 뉴퓨리턴

주소 서울특별시 성북구 장위로 40다길 19, 1층 106호(장위동)
대표전화 070-7432-6248
팩스 02-6280-6314
출판등록 제25100-2023-043호
이메일 info@newpuritan.kr

ISBN 979-11-992040-7-2 03230